ずっと続く 親子の絆(ボンディング)を育む

ベビーボンディング入門

NPO法人ママズハグ代表が教える

山本加世

日貿出版社

〝はじめに〟に代えて

子育てを始めるとどうして〝孤独〟を感じるのでしょう?

多くのママたちが私に「孤独感が辛い」と言います。

実は触れることの大切さを伝えることで、育児に関する問題は解決できます。

私はこれまで〝育児中のママの悩み、孤独感、しんどさはどうしたらいいのかな?〟〝ママに尽くすってどんなことだろう?〟そんなことを色々考えてきました。

だけど考えるうちに、自分を母親代表と思っていたり、想像で勝手にママたちの気持ちを解釈したりしているように思えました。そうしたことから、

〝じゃあ考えずに、困っているママのリクエストに応えよう!〟

と立ち上げたのがママズハグ(mama's hug)です。※
そのなかで見えてきたのは、どんな時でも誰かに「助けて」と伝えられる絆(ボンディング)の大事さです。
もし今子育てで「孤独」を感じていたら、この本を読んでも読まなくてもいいから、私を含む誰かに「助けて」と伝えてください。それが一番大事なことです。

※本書では「ママ」という言葉がたくさん登場しますが、ママだけを対象にした内容ではありません。育児にはパパの参加が必須!ですのでママをパパにも読み替えてお読みください。

目次

可愛いベビートークの作り方 82

第3章 年齢別ベビーボンディング活用法。 105

第4章

こんな時どうする？ ママ、パパのお困りごとQ&A

第5章

この本を書いた私（もっさん）のこと。 149

ママズハグ（mama's hug）代表

山本加世

「100の言葉よりハグ」をモットーに、親子や家族の手と手から始まる「ふれあい」を大切にして、ベビーマッサージを発展させた「タッチハグ（Touch Hug）」をより多くの人に伝える活動をする。

2003年よりベビーマッサージ講師として活動を開始。2004年にママズハグ（mama's hug）の設立。2008年にNPO法人化。小田原城のお堀のそばに事務所開設。2008年からベビーマッサージインストラクター養成講座を開講。2012年ベビーマッサージを発展させた「タッチハグ（TouchHug）」を発表。2013年脳科学・皮膚科学・心理学・行動心理学を融合させた「Touch学」発表。学校、企業、子育て支援センターなどでタッチケアやコミュニケーション、メンタルケアの講演をする。今までに、約6000人のベビーのケアを、約4400人のママのカウンセリングを行ってきた。

「私の仕事は人を抱きしめること」

mama's hug HP

Facebook

Instagram

第1章

コミュニケーションが、ママからベビーへの最高のギフトなわけ。

私は、

〝ママの産後うつゼロの社会を作ること〟

を目標とするNPO法人ママズハグ（mama's hug）を神奈川県の小田原城お堀のそばに2006年に設立し、2008年NPO認証を受けて運営しています。

ここでは「**100の言葉よりハグ**」をモットーに、触れ合いを大切にしてベビーマッサージを発展させた「**タッチ　ハグ**（Touch Hug）」をより多くの人に伝える活動や、ママの相談やカウンセリングを行っています。今までに、約6000人のベビーのケア、約4400人のママのカウンセリングやケアを行ってきました。プライベートでは、夫と大学生になる娘と母の4人家族です。

たくさんのママと話をするなかで、

「子どもが公園に行きたいというから予定変更したのに、着替えをぐずっ

てしまう」
「おばあちゃんが可愛い仕草を笑うとすごく泣いて困る（気まずい）」
「全然言うことを聞いてくれない」
「まだ2歳にならないのにものすごい反抗期が始まった」
「家にいると不機嫌・癇癪を起こす」
「人見知りが激しい」
「子育て広場でお友達と遊べない」
「離乳食（ご飯）を食べてくれない」
「おしっこを教えてくれない」
「ともかくイライラしてしまう」

などの相談を受けることが多いです。
ここに出ているのは0歳から5歳までの悩み事ベスト10です。
こうした相談のほとんどは、
〝コミュニケーション不足〟
が原因のものが多いです。

ということは、

〝コミュニケーション能力をアップさせれば、
まあまあ子育ての悩みも解消される！〟

ことが多くなるということです。

コミュニケーションは何のため？

さて、そもそもコミュニケーションとはどんなことで、どんな役割があるのでしょうか？

「言葉と文章で伝えることがコミュニケーションだよね」

という人もいれば、

「やっぱりタッチ、触ること、触れ合いこそがコミュニケーション」

という人や、

「真のコミュニケーションに言葉はいらない、僕は目で語るよ」

なんていう人もいるかもしれません。でも目でも手でも口でも、何であれ、そこでやり取りされているのは〝情報〟です。その内容も「あそこのスーパー、今日は卵の特売日よ」というものから「どこそこで事故があった」「ネットでこんな話を読んだ」「主人が便秘だ」といった具体的な情報から、言葉にならない想い、愛情や怒り、癒しや恐怖など様々です。

では、

「なんのために情報を伝達するのか？」

それは、生きるため、もっと大げさに言うと「生き残るため」なのです。

人類はコミュ力で生き延びた⁉

はるか昔、まだ私たち祖先が二足歩行をし始めて、ホモサピエンスとネアンデルタール人が存在していた頃の話です。

彼らはその他の動物に比べて、速く走れる足や、空を飛ぶ翼、強い顎や牙などを持たず、生き残る能力が高くありませんでした。一方で速い足はない代わりに、熱を放出させるために体毛が薄くなり、持久力がつき、獲物を疲れさせてしとめたり、二足歩行により、手を自由に使えたりするようになりました。

同じ時代を生きたホモサピエンスとネアンデルタール人ですが、よく知られているように、生き残ったのはホモサピエンスです。ところがホモサピエンスに比べネアンデルタール人は運動能力に長けて狩りも上手で、さらに近年の研究では知能がホモサピエンスと同じ程度あったということもわかってきています。

それなのに、なぜホモサピエンスが生き残れたのでしょう?

その理由は今も学者の皆さんが研究中ですが、ひとつの説は「コミュニケーション能力の違いがあったためではないか?」と言われています。

ホモサピエンスはネアンデルタール人に比べてコミュニケーション能力が高く、小さな集団で活動していたネアンデルタール人を、より大きな集団で上回ったのではないかと考えられているのです。

その根拠のひとつとして、彼らの暮らした各地で見つかる石器は、ほぼ同じ形で、大きくて重かったものから、小型で刃がついたものに変化していることから、石器の作り方を伝える力があったのだと考えられています。(ちなみにネアンデルタール人とホモサピエンスは交配もしているので、私たちのDNAのなかに両方が数パーセントずつ残っていることがわかっています)

「**コミュニケーション不足がネアンデルタール人を滅ぼした！**」というのは言い過ぎでしょうが、現代でも生き残るためにこのコミュニケーションというツールが有効なのは変わりがありません。文化やルール（道徳）を共有することでコミュニティができ、そこに自分の居場所があることで、群れや自分の命を守ることができる。その場所にいるためにコミュニケーションは必須なのでしょう。

何かを伝えれば、何かを受け取れる

少し身近な例で考えてみましょう。私は子どもの頃から、幼稚園の時のお相手さん、お弁当を食べる友達、小学校の遠足でのグループやバスの席順、おトイレ友達など、グループから外れる怖さがあり、必死に自分の居場所の確保に努めていたように思います。今考えれば、その恐怖って本能のようなものだったのかもしれません。

また、生き残りがかかった状況ではありませんが、私自身、言語に頼らなかったコミュニケーションの経験があります。

そのひとつが、カナダの空港でのことです。カナダのトロント空港はとてつもなく広く、設置されている動く歩道は、短距離選手が本気で走ったくらいの速さです。

その時、私はトランジットがわからず、搭乗までの時間が刻々と迫るなか、半泣き（というかほぼ全泣き）で全身で〝困ってます！〟というジェスチャーをしていました。するとカートを運転する職員が、

「あんた急いでるんだろう？　乗りな！」

と私をカートに乗せて、人でも轢きそうな勢いで目的の搭乗口まで連れて行ってくれました。

もうひとつは、夫の海外駐在でボストンに4年間滞在していた時のことです。

私は夫と喧嘩してボストンの街に一人で飛び出したことがあります。英語も満足に話せない私は行く当てもなく、いつも通っていたドラッグストアに飛び込みました。レジに並ぶと店員さんが、なぜか私の名前や住所、電話番号を聞き出そうとするのです。店員さんの真意がわからず、英語のリスニングもままならないなか、一生懸命質問に答えると、店員さんはお店のメンバーズカードを作ってくれカードを渡しながら、こう声をかけてくれました。

「あなたはここに入ってきた時、とても悲しそうだったわ。でも、自分の名前も言える、住所も言える。あなたは素晴らしいわ！」

店員さんは私の悲しそうな姿を見て励まそうとしてくれたのです。それを聞いて大泣きしてしまった私に、レジに並んでいたお客さんたちが、優しく声をかけてくれたり肩を抱いてくれたりと、ドラッグストア内は大騒ぎになりました。人は言語に頼らなくても、何かを伝え、そして受け取ることができる。そう実感したエピソードでした。

ヘレン・ケラーのコミュニケーション術

コミュニケーションはサービスを受けるためだけのものではありません。人に生きる力や光を与えることができます。

例えばヘレン・ケラーです。彼女は小さい頃に視力と聴力を失い、言葉のない世界で生きていました。家庭教師のアン・サリバン先生の献身的な努力で、たくさんの言葉を身につけ、言葉を得たことで次々と新しい世界を開いていきました。

私は昔、ヘレン・ケラーがスピーチをした動画を見たことがあります。その時は「話せるのってすごい！」とだけ思ったのですが、その後、コミュニケーションについて学び始めた時に改めて、

「彼女はどうやってコミュニケーションの糸口を掴めたのだろう？」

と疑問に思いました。だって彼女はコミュニケーションを取るために必要な「見て、聞いて、真似して、話す」という、言語を習得するための全ての能力を持たなかったからです。私のイメージだとそれは、音も光もない真っ暗な世界。その世界に、言葉と愛のコミュニケーションという光を授けてくれたのがアン・サリバン先生です。

　彼女は指文字を伝えるだけではなく、ヘレンに「全てのものに名前があること」を伝えました。聾（ろう）の人は口の動きを読んだり、手話で会話をしたりしています。つまりどの言語の習得にもコピーすることが必要なのです。目が見えないヘレン・ケラーは話をしている人の鼻と喉に触れてそれぞれの発音を感じ、口と舌に触れて言葉をコピーしたのです。見る、聞く、話す、そのコピーができないヘレン・ケラーは、独自の方法でコミュニケーションのための能力を身につけ、真っ暗なだけだった彼女の世界に光を灯したのです。それはただ生きるだけの存在から、イキイキと生きる存在へと変わる大きな転機でした。

一番大事なのは、誰かに「助けて」と言えること

今、仕事をしているなかで、「助けて」と伝えられないママたちにたくさん会います。知らない人が見れば、彼女たちは「我慢強い」と思われるかもしれませんが、私がママズハグで出会ったママたちと話していてわかったのは、多くの人が自分の想いを伝える術を知らず、誰かに「**助けて！**」と、ＳＯＳの出し方を知らないのです。

私はそうした彼女たちと話していて、

「**一言、もっと早く〝助けて〟と言ってくれたら**」と思うことがたくさんあります。

またそこで話を聞くうちに気がついたのは、そうした一人で孤独に耐えているママの多くは、小さい頃から頑張って頑張って子育てしていた自分の母親を見て育ち、その母親が弱音を吐かなかったという経験があることです。

だから私は、彼女たち自身が「**助けて**」と言えるようになるのはもちろん、彼女たちが自分の子どもに、親兄弟はもちろん周りの誰かに「**助けて**」と伝えられること、誰かと繋がること、そうしたコミュニケーションの方法を伝えたいと考えています。

それは**私たち親が子どもに残せるかけがえのない財産**だと思うからです。

人がコミュニケーションを取るのは、生きるためなのです。

コミュニケーション＝教育ではない！

「**コミュニケーションが大事！**」と書くと、
「**やっぱり小さい頃からコミュ力をつけなきゃ！**」とか、
「**話し方教室に通わせた方がいいのかな？**」
と考える人もいるかもしれませんね。だけど、

〝コミュニケーション＝教育〟

と考えると、〝常に自分が正しくいなければいけない〟という思いが強くなりすぎる気がします。

確かに子どもにとって親は教師であるけれども、それだけではないですよね？

多くの親御さんは、少しでも「良くあろう」と頑張っています。ですが**〝いつも正しいことを教えなければ〟と思いすぎると、それがプレッシャーになって、自分を責めて苦しくなることもあります。**

実際、子育てをしていると、つい子どもに理不尽な怒り方や間違えたことをしてしまうこともありますよね？　私自身、振り返ってみると、そんなことが多々あります。

その経験から言えるのは、〝間違えない大人〟や〝お手本のような大人〟になることを伝えるのではなくて、**間違った時には「間違っちゃったね」と謝れるコミュニケーションを取る方法を身をもって伝えるのが大切だということです。**

完璧じゃない親でも良い！

お手本のような親に育ててもらう。それはそれで良いです。親になって、「よし、子どものために良い親でいたい！」と思うのは素晴らしいことです。

でも、それとセットで、**ダメな部分も伝えることが大事だと私は思っています。**

もし自分の子どもが、親の良い部分しか見ないで育ってしまった時、もしその子どもが親になって、親と同じことができなかった時、きっと自分を否定してしまうでしょう。例えばパパとママが喧嘩して嫌だったという思い出があっても、〝パパとママは喧嘩した後で「ごめんね」って仲直りしていたなぁ〟というコミュニケーションの仕方を思い出してくれたらどうでしょう？　いつもは完璧に家事をこなしているママが、「今日は疲れたからカップラーメンにしちゃおうか？」という経験があれば、きっと自分が親になり忙しく家事ができなかった時に、〝自分はダメな親だ〟と自分を責めることはないでしょう。

当たり前のことですが、完璧な人間はいません。頑張りすぎてクタクタの顔よりも、ちょっと手を抜いても子どもと一緒に笑顔でいられる方が大事な時もあるはずです。失敗するのは子どもも大人も同じなんですから。

失敗だって立派な経験

かくいう私自身ももちろんたくさん失敗をしています。

娘が15歳の時に何かで激怒して、「彼氏ができたからって調子に乗るなっ！」と彼女に言い放って家を飛び出したことがありました。ところがエレベーターホールまで来たところで「今の場面で彼氏のことは関係なかったなぁ」と思い、そのまま家に戻り、ガチャリと玄関を開けて「**かっ、彼氏は関係なかったね**」とてへぺろな顔で謝ったことがありました。その時の戸惑った娘の顔は忘れられません。もしかしたら娘のなかに〝あれだけ激しく怒っておいて、よくそのテンションで謝れるな〟という呆れた記憶として残っているかもしれません。でも、〝間違ったら、親でも謝ればいいんだ〟という経験が一緒に残ってくれていたら嬉しいな、と思っています。

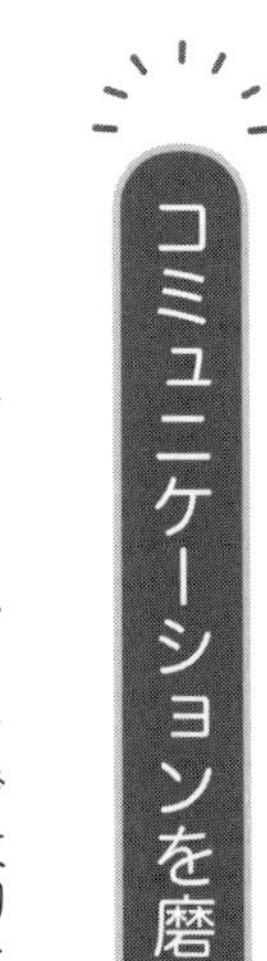

コミュニケーションで大切なのは、

①なんとなくを信じる力「同期」
②目や表情で行うキャッチボール
③真似「ミラーニューロン」

です。

①なんとなくを信じる力「同期」

まだベビーとの付き合いが短い時は、ちょっとしたベビーの反応にも「ちょ～なの～？　ママがしゅき（好き）にゃにょ～」など自分翻訳の勝手な理解のもとでコミュニケーションを取っていると思います。でも、大きくなるにつれて、非言語である視線や表情、態度などでなんとなく何を言っているかわかってきます。**「なんとなく」**というのはまだ言語でのコミュニケーションが取れないので、確信が持てないからです。確認が取れない、確信できないことについては**「なんとなく」**と思ってしまうものですよね。

この**「なんとなく」の正体**を簡単に言えば**「勘」**です。こう書いてしまうとなんだかいい加減に思われる人もいるでしょうが、実は育児で大事なのは**「勘」**なのです。たくさんの育児情報などに頭を使いすぎて、この**「勘」**を後回しにすると、コミュニケーションの精度を鈍らせてしまい、ちょっとした子どもの不調や困りごとに気がつかないことがあります。もっと言うと**「勘」は裏切りません**。

私はこの**「勘」**を**「同期」**と言い換えてもいいと思っています。

ここでいう**「同期」**は、ラジオのチャンネルを合わせるようなイメージです。私たちが過ごしている空間には、いろんな電波が流れています。例えば84.7MHzに周波数を合わせるとFMヨコハマがクリアに聞こえてきます。

それと同じようにベビーにチャンネルを合わせて**コネクト**すること、つまりお互いに繋がることを、**私は感情の「同期」**と呼んでいます。

ベビーの目をたくさん見て、たくさん肌に触れて、たくさん真似っこして、ベビーのチャンネルに合わせようとすると、いつの間にかチャンネルが合ってきてベビーの言いたいことがわかるようになるのです。

そしてベビーと「**同期**」するために、**特に大事なのは触れることです。**触れなかったり、離れていたりすると、チャンネルをうまく合わせられなくなります。逆に、たくさんの接触を重ねることで、皆さんのチャンネル合わせはより精度を増していきます。

ベビーと同期するには、とにかく触れることが大事です。

相手がベビーでも同意をとる！

とは言え、「**勘**」に裏切られず、きちんとベビーと「**同期**」するために気をつけたいことがあります。それは、**自分本位にならないこと**と、**押し付けないこと**です。

自分本位にならないためには、ベビーの様子をしっかりと感じ取ることが大切です。例えば、「うちの子はママと離れても大丈夫なのよね」とお母さんが感じていたとしても、ベビーはそう感じていない場合、**ママと離れたらお熱が出る**などの体調不良で、一生懸命に「**それは違う**」と伝えてきます。体調不良まではいかなくても、**ご機嫌が悪くなる**、**ぐずる**といった方法で、**ベビーはサインを送ってきます**。その**サインを見逃さないことが大切です**。

そして、押し付けないために必要なのは、**相手がベビーであってもきちんと〝同意をとる〟ことです**。例えば、予防接種に行く時、子どもに怖い思いをさせないようにと、多くのお母さんは、予防接種を受けることを事前にベビーに言わずに病院に連れて行ってしまうことがあると思います。

「え？　だってまだ言葉がわからないのに意味があるの？」

と思うかもしれませんね。

でもベビーであってもお母さんの言葉を理解しています。**「今日はこのお靴を履いて、病院に行って、お注射を受けるよ。この注射を受けることであなたの体のことここが守られるよ。痛いんだけれどママはそばにいるからね」としっかり声かけをすること**が、同意をとるということです。

まだ思考がシンプルな小さい頃から、同意をとる、同意をとりあう癖をつけていくことで、子どもが大きくなり、思春期を迎えた時も、親子のすれ違いが小さくなります。

また、同意をとる、同意をとり合う癖をつけることは、親にとっても、**子どもが親の所有物ではなく、別の人間である**という**当たり前の考え方**を身につけるための訓練にも

ベビーが相手でも、ちゃんと説明することが大事。どれだけ大事に思っているのかは、必ず伝わります。

なります。それは、子どもが自分自身を大切に思う気持ちを育む助けにもなると思うのです。

②目や表情で行うキャッチボール

次にキャッチボールです。**「言葉のキャッチボール」**というフレーズは聞いたことがあると思います。お互いに言葉を投げかけたり、受け取ったりすることです。

「でも、喋れないベビーとどうやってやるの?」

と思われる方、安心してください。**言葉が通じなくてもキャッチボールはできるんです。**

例えば、ベビーがあくびをしたら、一緒にあくびをする。あるいは「あわわわ」とあくびの声を出すのも良いでしょう。ベビーは、生まれてから3ヶ月くらいまでは視力があまり良くありませんが、本能的に顔の形や輪郭、表情の動きを感知できます。ですから目と目が合わなくても、**じっと見つめられたら同じように見つめ返してみてください。**ベビーはとても喜んで声をあげます。

実際に私が運営する団体では、新生児のベビーマッサージクラスで、「**ベビー瞑想**」

という、ベビーが見つめたらじーっと目を見つめ返すワークを行っています。

新生児は目がよく見えないのに、ママやパパに見つめられると、嬉しさのあまりおしっこを漏らす子もいるくらいで、これがたまらなく可愛いのです。その他にも**クーイング**※や表情、動きにいちいちリアクションを取ると、ベビーは一生懸命に反応してくれます。その反応にママやパパがまた反応し返すキャッチボールのようなやり取りを繰り返すことで、**ベビーはコミュニケーションを学ぶのです。**

まだ言葉のキャッチボールはできなくても、目で行うキャッチボールはできます。顔を20～30センチくらいまで近づけて、目を見つめてみてください。

※生後2～3ヶ月頃から始まる赤ちゃんの声（「あー」「うー」「くー」などの柔らかい音）を使った初期の発声のこと。声を使って表現やコミュニケーションを始める最初のステップ。

③真似「ミラーニューロン」

最後は真似です。よく「**猿真似**」と言いますが、人間が行うと悪い意味に聞こえますが、実は猿は相手の真似をすることで、お互いが仲間であることをアピールしているのです。真似をするのは猿だけではなく、ライオンや犬、鳥、そして私たち人間も、みんな親や兄弟、先輩の真似をすることで学び、成長をします。

私たちの脳には「**ミラーニューロン**」という神経細胞があります。文字の通り、鏡のように相手と同じような行動をしているかのように反応するもので、社会的な理解や共感、学習に重要な役割を果たしています。身近な例で言えば、横にいる人のあくびがうつったり、前から歩いてくる人と何度も同じ方向に避けあったりした経験が、皆さんにもあるかと思います。そのような時、この**ミラーニューロンが働いているのです**。この働きが、真似の基本的な仕組みとなっています。すごいですよね、私たちに標準装備されている能力で、特に〝やろう〟と意識しなくても**自動的に働くコミュニケーション方法**です。

そして親のコミュニケーションの仕方を子どもはベビーの頃から見ています。例えば、人見知りが始まったベビーは、むやみに他人に笑顔を振りまきません。お母さんと話している相手とお母さんを交互に見つめて、お母さんが笑っていると、少し安心して手を触らせてくれたりします。

ほとんどの場合、ベビーが最初に真似をするのは自分の親だと思います。でも、だからといって、〝夫婦喧嘩しちゃいけない〟とか、〝仲良いところを見せなくちゃいけない〟と思わなくても大丈夫です！　喧嘩しているところも、ムッとしているところも、八つ当たりをしているところも、全部見せてしまいましょう。

喧嘩をしたら「仲直り」をするところまで見せましょう。「大事なのは喧嘩しても仲直りをすれば良いんだ」という関係を見せてあげることです。

きっと皆さんのお子さんは〝大人も喧嘩するんだなぁ〟と思うでしょう。でも、きちんと仲直りするところや、お互いを大切にするところを見せることで、**〝喧嘩はするけど、悪いと思ったら謝ればいいんだ〟〝謝ったら「いいよ」って言ってあげれば仲直りできるんだ〟**と知ってもらうことができます。

実は、良いところだけではなく、関係がこじれた時や喧嘩をした時にどうやってコミュニケーションを取ればいいかを学べることが大切なのです。

コミュニケーションというものは、磨くと感度が高まります。そして**コミュニケーションを磨くことは「勘」を磨くことです。**その**「勘」を磨くには、「五感を使い」、ベビーと密着する時間を多く取ることが大切**なのです。

次の章からは、ベビーボンディングの実際についてご紹介していきます。

第2章

タッチと赤ちゃん言葉で作る親子の絆（ボンディング）。

ベビーボンディングって何？

パパやママがベビーに対して抱く「可愛いなぁ」「守りたい」「大切にしたい」などの愛情や情緒的な絆のことを、ボンディング（bonding）と言います。ベビー（赤ちゃん）とのボンディング（絆）をベビーボンディングと言います。

ベビーボンディングは、大人がベビーのお世話をするという一方向のものではなく、ママ・パパとベビーがお互いに送り合う双方向のコミュニケーションです。

ベビーボンディングでは右脳を使う非言語が多く使われます。右脳は、感情・芸術・直観など、感覚的なものをつかさどると言われています。

ベビーは生まれてから3歳まで右脳が優位です。そのため、右脳を使う非言語のコミュニケーションの方が、ベビーにとって理解しやすいのです。そして成長に伴って、左脳を使う言語のコミュニケーションも加わっていきます。

ベビーが成長期に体験している右脳の世界は、とても情緒的、芸術的で、幸福感にあふれたものです。私たちが音楽を聴いて元気が出たり、絵を見て感動したりするのも右脳の働きです。

一方で、言語を話したり、現在・過去・未来を認識したり、論理的に考えたりするのは左脳の役目です。私たち大人が「あ～あの時寝ちゃったから試験勉強できなかった～」とか「食べ過ぎちゃった～」などと後悔するのは、左脳の働きなのです。

左脳と右脳どちらの役割も大切なのですが、私たちが伝える**ベビーボンディング**は、この**右脳を使う**親と子どものためのコミュニケーション方法です。

ベビーボンディングでは、直接肌を触れ合わせる**タッチ**、表情・ジェスチャーなどの右脳を使った非言語コミュニケーションと、非言語と言語の間に位置する**ベビートーク**を合わせて活用していきます。この**非言語コミュニケーション**と**言語コミュニケーション**を合わせた**ベビーボンディング**は、親が、子どもに長い時間をかけて贈る、**最高のプレゼント**だと思っています。

ベビーボンディングを作る「タッチ」と「トーク」

ベビーがコミュニケーションを取る時に、いくつかのシンプルで簡単な方法があります。それは**タッチ**と、非言語コミュニケーションである**ベビートーク**です。

この2つの方法はベビーとのコミュニケーション方法として、**世界中の人類共通**であることがわかっています。それではまず**タッチ**から紹介していきましょう。

タッチの基本は〝ハグと抱っこ〟

一番基本的で簡単なタッチは、ハグと抱っこです。

ハグをしてみると、ハグをされる方もする方も、とっても癒やされますよね。

タッチ（ベビーマッサージ）は〝大人がベビーにしてあげるもの〟と考えがちですが、実はベビーにタッチすることで、タッチする側である私たちこそが癒やされるのです。一方向的なものでなく、双方向的なものであることが、タッチをしてみるとわかってくると思います。

ベビーマッサージをする時は、〝心を落ち着けて明るい気持ちでなければいけない〟と思っているママは多いかもしれません。でも、育児ってそんな晴れの日ばかりではありませんよね。むしろ、「なんで思うようにいかないんだろう」と心が雨に濡れることの方が多いのではないでしょうか。そんな時こそ、タッチをしてあげてください。ベビーに触れることで、私たちの気持ちも癒やされるのです。

実は、子どもたちはベビーであっても、〝ママに何かしてあげたい〟と思ってい

ます。〝ママを助けてあげられた〟〝ママの力になれた〟と感じることが、彼らにとって大きな喜びであることが、たくさんの親子を見てきたなかで私が感じてきたことです。タッチをすることで親もベビーも嬉しくなる、こんな最高なこと他にはないんじゃないでしょうか。

ハグはベビーに「してあげる」だけのものではなく、ベビーから「してもらう」ものでもあります。

タッチで気持ちを伝える！

タッチは雄弁です。優しくゆっくりと触れれば優しさが伝わり、早くリズミカルにさすると痛みが軽減したり元気が出たりします。落ち着かないベビーには背骨を優しくトントンとタッピングすると落ち着きます※。また可愛いを表現する時は頭から顔を輪郭に沿って丸く丸く撫でたり、ほっぺたを上下にフルフル揺らしたりするととても喜びます。また、危ないものを触りそうになった時は、素早く手を包むようにする（強い力で掴まない）と危ないことなんだとわかってくれます。当然くすぐればゲラゲラと笑い楽しい気持ちになります（**注意・男の子は喜びますが、女の子は嫌がって泣く場合もあります**）。

タッチは慰め、慈愛、危険察知、楽しい気持ちを相互表現できる便利な言語に近い存在です。そしてタッチをする時は、〝今、ここにいるベビー〟と動物が子どもをグルーミングし舐め回すようなイメージで、全身を満遍なく触ってあげると良いです。

※尾骨付近は優しく叩いてあげてください。

ハグ・抱っこ

ハグ・抱っこは一番基本的なタッチです。

私はたくさんのママ・パパに会ってきたなかで、時に触れることが苦手なママ・パパもいることがわかってきました。小さい頃から触られるのに慣れていなかったり、ミラーリング（まねっこ）が苦手だったりすると、タッチが苦手だったりします。

そんな人たちこそ、基本のハグをマスターするのがおすすめです。ハグの気持ち良さを体感することが、タッチの入り口になるからです。

また多くの方が移動の時に、ベビーカーやチャイルドシートを使っていると思います。どちらも必要なものですが、ベビーの体の動きを制限してしまいます。その結果、抱っこする時にベビーの体が固まってしまい、抱っこした時にお互いの体がフィットせず、疲れたり、体の負担が増えたりします。

ここで紹介するタッチは、ベビーカーやチャイルドシートに乗った後のケアとしてもおすすめです。

ママとベビーがお互いに安心して気持ちが良くなる抱っこが一番の基本です。

ベビーボンディングの第一歩

抱っこの仕方

一番シンプルなハグは〝抱っこ〟です。

「〝抱っこ〟なんて、誰でもできるでしょ?」という声が聞こえそうですが、長年ママ&パパを見ていて思うのは、実は意外に難しいのがこの〝抱っこ〟です。

しっかり、安定した〝抱っこ〟ができていることが基本で、一番大事な親子の絆・ボンディングを作ります。

大事なことは、

・できるだけ自分の体にベビーを密着させる。
・鳩尾(みぞおち)の付近で支える。

の2点です。

〝抱っこ〟はベビーだけのものではありません。大人になっても大事な人にぎゅっとハグしたり、されたりすると、深い安心感を得ますよね? ママとの抱っこはベビーにとって大事なコミュニケーションの第一歩なのです。

またしっかりした〝抱っこ〟ができていると、ママの体への負担が全然違います。

ベビーはあっという間に大きくなるので、小さいうちにしっかりした抱っこができることがとても大事なのです。

紐がない抱っこは、少し高めの位置でホールドするのが大事です。またあやす時は、腰ではなく膝で上下運動して、ベビーとの隙間を作りすぎないことです。

腰を曲げるのではなく膝を曲げての上下運動

高い位置で抱っこするとラク

〜♪

スリングや兵児（へこ）帯を使うとベビーにも親にも理想的な抱っこ（おんぶ）になります。

ベビーに必要な基本の動き

くねくね、ゴロゴロ、タミータイム

ベビーに必要な体の動きは、

1、くねくね
2、ゴロゴロ
3、タミータイム（うつぶせ遊び）

の3つです。

これを育てるタッチは、

1、首からお尻までのスルスルタッチ（抱っこでもタミータイムでも良い）
2、太もも、お尻のブルブルタッチ

です。

これらのタッチは、ベビーに必要な3つの体の動きを助けてあげるものです。

具体的には、骨や関節、筋肉のストレスを減らし、その発達を助けます。またベビーカーや、チャイルドシートなどを使った移動後の不快感を軽減します。

体がリラックスすると、触っているママの手の温度がじんわりとベビーに伝わります。その手の温かさが誰かを信じたり、頼ったりといったボンディングや、誰かと深いコミュニケーションを作る入り口になるのです。

タミータイム

生後間もない赤ちゃんは、首と肩の筋肉が未発達のため、自分の頭を持ち上げたり、寝返りをうったりすることが難しいです。タミータイム（うつ伏せ遊び）を通じて、首や肩の筋肉が発達するとともに、頭の形を整え、いわゆる絶壁頭になることを避けることができます。

最初は１回２～３分のタミータイムを１日２～３回から始めて、５ヶ月頃からは５分ぐらいのタミータイムを４～５回するのをおすすめします。ミルクを飲んだ後は避けてください。

スルスルスル〜

お尻から上方向にさするタッチは交感神経を刺激するので気持ちを元気にご機嫌にします。また、首から下方向へさするタッチは副交感神経を刺激するので、気持ちを落ち着かせます。

ブルブル〜

ご機嫌が悪い時や、寝起きが悪い時におすすめのタッチです。少し高めの声で「ブルブル〜っ」と言いながら太ももがブルブル震えるように揺らします。1歳を過ぎるまでは激しくブルブルはしないでください。

くねくね〜
ゆらゆら〜

腰骨付近に手を置き、金魚が泳ぐ時をイメージして、くねくねと動かします。この時に「くねくね〜ゆらゆら〜」と言葉かけをするとさらに体が緩みやすくなり、緊張が軽減します。

ゴロリンっ

首が据わり、寝返り時期の子どもの場合は、お尻を手で支えて寝返りで転がします。１～３歳位の子は、足首を持って足を交差させると「ゴロリンっ」と転がります。４歳以上で、体が大きくなったら、膝を持ち、その膝を床につけるようにすると、勝手に「ゴロリンっ」と転がってくれます。

タッチをする時の3つの約束

1、自分の感情をジャッジしない

人間は（というより動物は）基本的にネガティブな生物です。

〝危険があるかもしれない……〟〝食料がなくなるかもしれない……〟など、狩猟採集生活を送っていた時代から、生きるために「〇〇かもしれない」というネガティブな思考をすることで、それを克服するため知恵を働かせるようになっています。

つまり、

他のママ（子ども）を羨ましく思う
子どもの成長を心配する
ともかくイライラする
明るくハッピーなままで居られない

といったネガティブな感情が出てくるのは当たり前なのです。大切なのはこうした感情に対して、いちいち頭で「良い」「悪い」でジャッジをしないことです。そういう時は、**今、目の前にいる子どもに触れて、感じてみてください。**子どもがあなたからエネルギーをもらっているように、あなたも子どもからエネルギーをもらうのです！

2、五感を使う（見る、聞く、嗅ぐ、触れる）

子どもが、

何を欲しがっているのか？
どんな感情でいるのか？
寒いのか？
痛いのか？

と、目の前に起きたことだけを感じ取ることに集中しましょう。

3、過去と未来を考えすぎない

あの時子どもにとった態度が悪かったからこんなに暴れる（過去）
生まれてすぐにベビーマッサージをやらなかったから触れるのを拒む（過去）
わがままになったのは甘やかしたせい（過去）
今こんなにわがままだと将来が心配（未来）
トイレを覚えないから保育園に行けなくなるかも（未来）

などと、過去と未来について考えすぎないことが大事です。後で振り返れば子どもと過ごせる時間は本当に短いのですから、今に集中してベビーを感じてください。

ジャッジしない

本やお手本を見てタッチをしている時に、「このやり方でいいのかな？」という疑問はもちろん、「私がママでいいのかな？」「他のママと違う」など、色々な疑問が出てくると思います。そんな時は、自分で判断（ジャッジ）せず、目の前のベビーに集中しましょう。

五感を使う

本書に書かれている方法だけを頼りにせず、タッチをする私たちの皮膚で感じることを信じてコミュニケーションを取ってみてください。もし私たちが出す判断や理解が違う時はちゃんとベビーが「違うよ！」と教えてくれます。

「約束」と聞くと「〇〇しなければならない」と、カチカチになりがちですよね。

でも、この３つの約束はベビーとの絆（ボンディング）をより深く、より感覚的にするとともに、約束を実践すればするほど触れる側が自由に楽になっていきます。「〇〇しなければならない」という苦しさはなくなり、続けるほどに「タッチ最高～！うちの子最高～！」となる「楽しい約束」なので、ぜひ守ってください。

過去と未来を考えすぎない

ともかく今、目の前にいるベビーとのタッチを楽しんでください。子育てをしていると当たり前のように将来が心配になったり、自分の子育てを反省したりするものです。でもタッチをする時だけは、ベビーに触れることに集中してみてください。

手から始まる、ママとベビーのボンディング

ベビータッチを始めよう！

それではベビータッチの方法をご紹介していきます。

基本的には、①頭から足先まで、②足と指、③腕と指、④お胸、⑤脇腹とお腹、⑥頭と顔、⑦背中の順番で行います。

服の上からでもできますが、素肌に直接触れる時はベビーオイル※があると良いでしょう。いきなり触らず、少し両手を擦り合わせて、温かくしてから優しくタッチします。自分の手とベビーの肌がピッタリと密着しているととても気持ちが良いです。ベビーの肌はとても敏感なので、月齢が低い時は、体毛の上を軽く撫でるようなフェザータッチで、月齢が上がるごとに優しく、しっかりと密着するタッチをします。

ベビーマッサージを行う最適なタイミングは、ベビーのニーズに合っていることです。ですからはじめはできるだけベビーのタイミングに合わせて行い、〝ベビータッチ＝が気持ちが良いもの〟ということを伝えてあげてください。言葉がわかるようになったら、ママの都合を伝えて、待つことを覚えてもらいましょう。

※ベビーオイルは市販のものでOKです。ママズハグではインカオイルオーガニックホホバを20年使っていて、今までトラブルはありません。

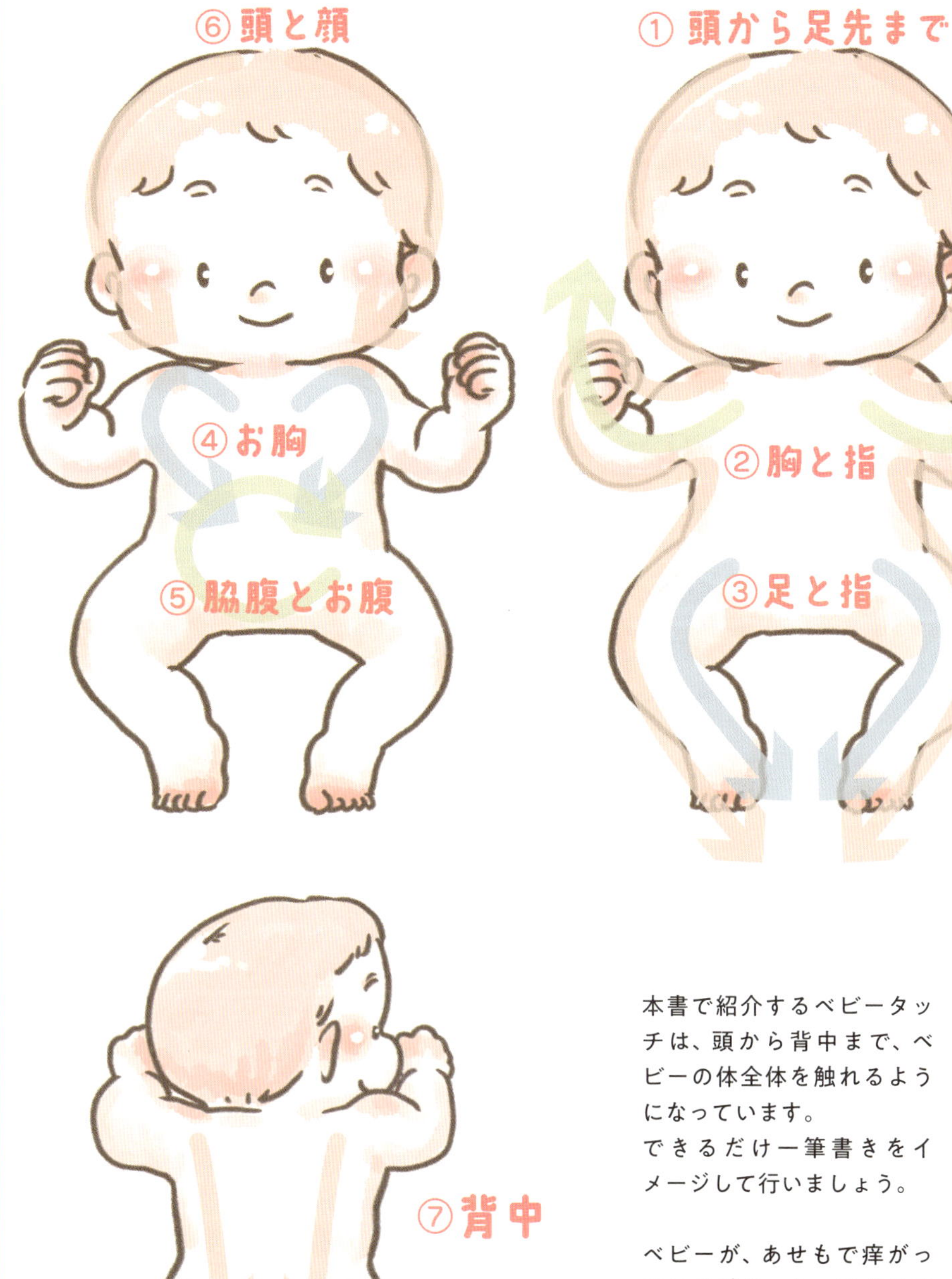

本書で紹介するベビータッチは、頭から背中まで、ベビーの体全体を触れるようになっています。
できるだけ一筆書きをイメージして行いましょう。

ベビーが、あせもで痒がっている時は、タッチする手を水で洗い、少し冷たくしてから、さすらずに、手を置くだけのタッチ＆ハグをしてあげると痒さが軽減されます。

❶ファーストストローク

はじまりのタッチ（おわりにも やってみてね）

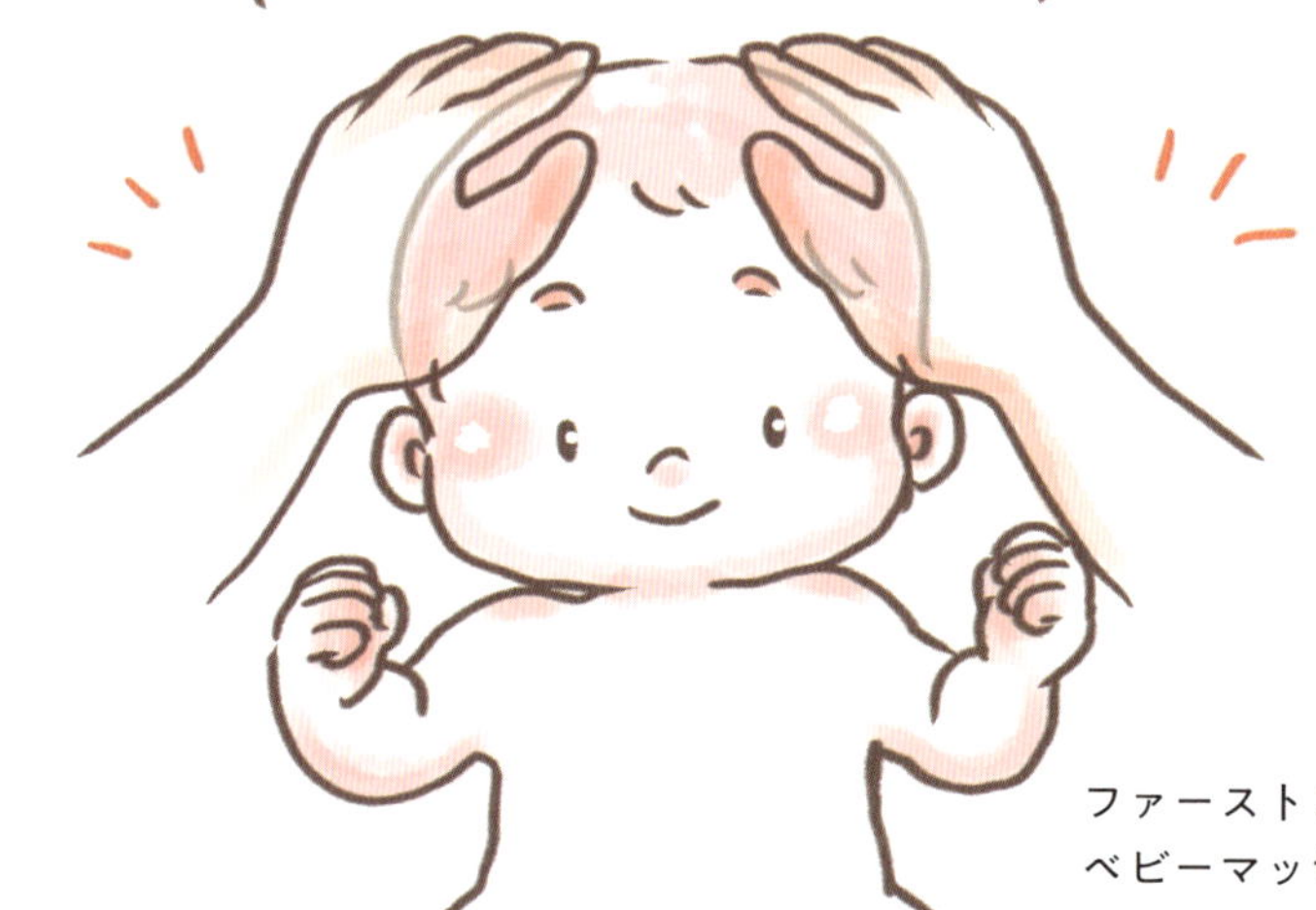

ファーストストロークはベビーマッサージの挨拶のようなものです。タッチする前に赤ちゃんの目の前で手をすりすりさせながら「タッチをするよ～」と声をかけましょう！

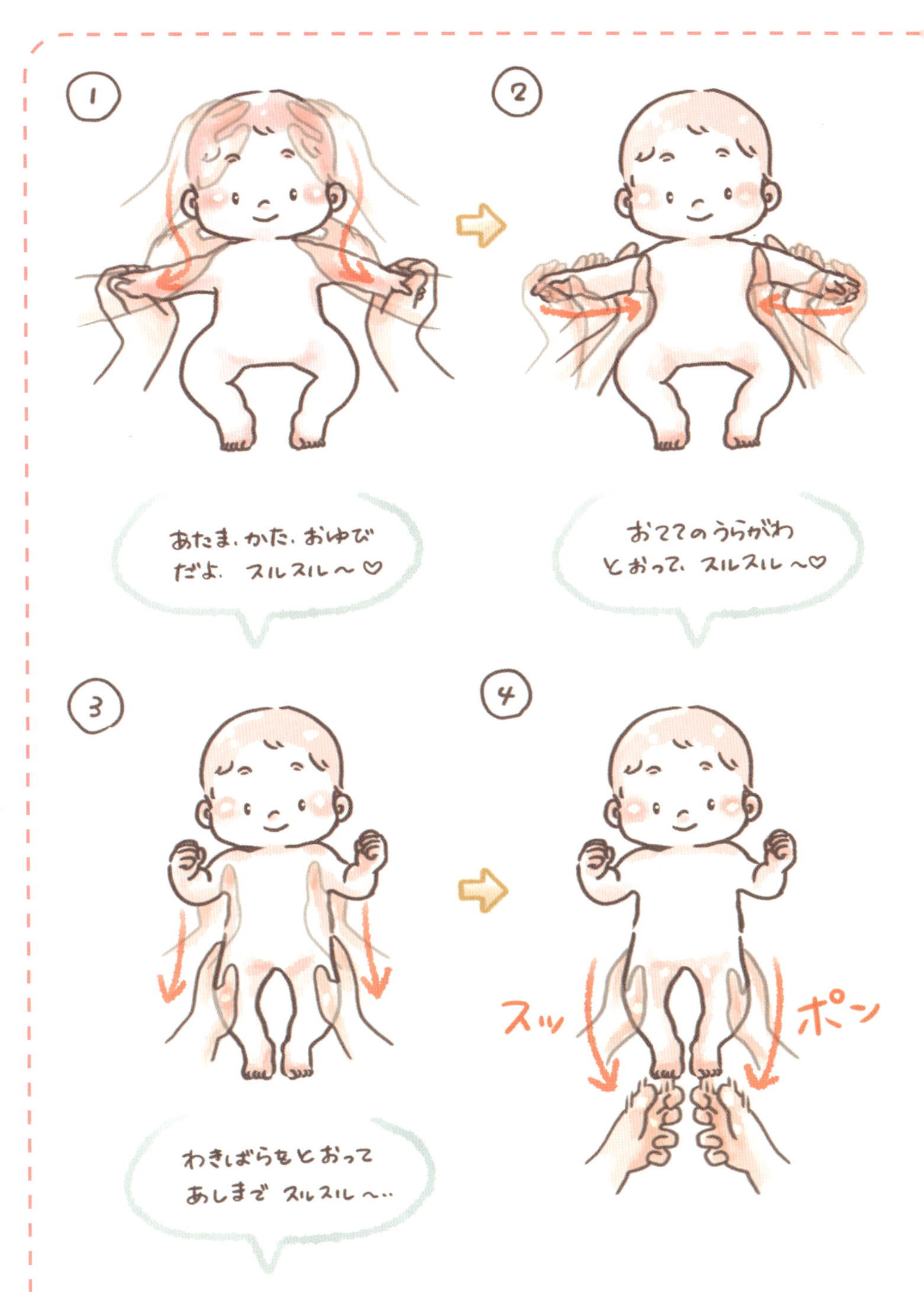

④の「スッポン」の時に、足を真っ直ぐにせず、M字開脚を自然にキープさせます。大人と違い、ベビーの膝は歩き始めるまでは外側に向いています。ですので無理に膝を正面に向かせないように気をつけてください。

❷足と指のタッチ

リンパの流れに沿って、
左足⇨右足の順がおすすめ！

足の付け根をパックンはさんで
ママから見て右側からスタート

次は足だよ〜♡

月齢が低い時は、手で輪っかを作ってタッチをすると肌がより密着して気持ちが良いです。

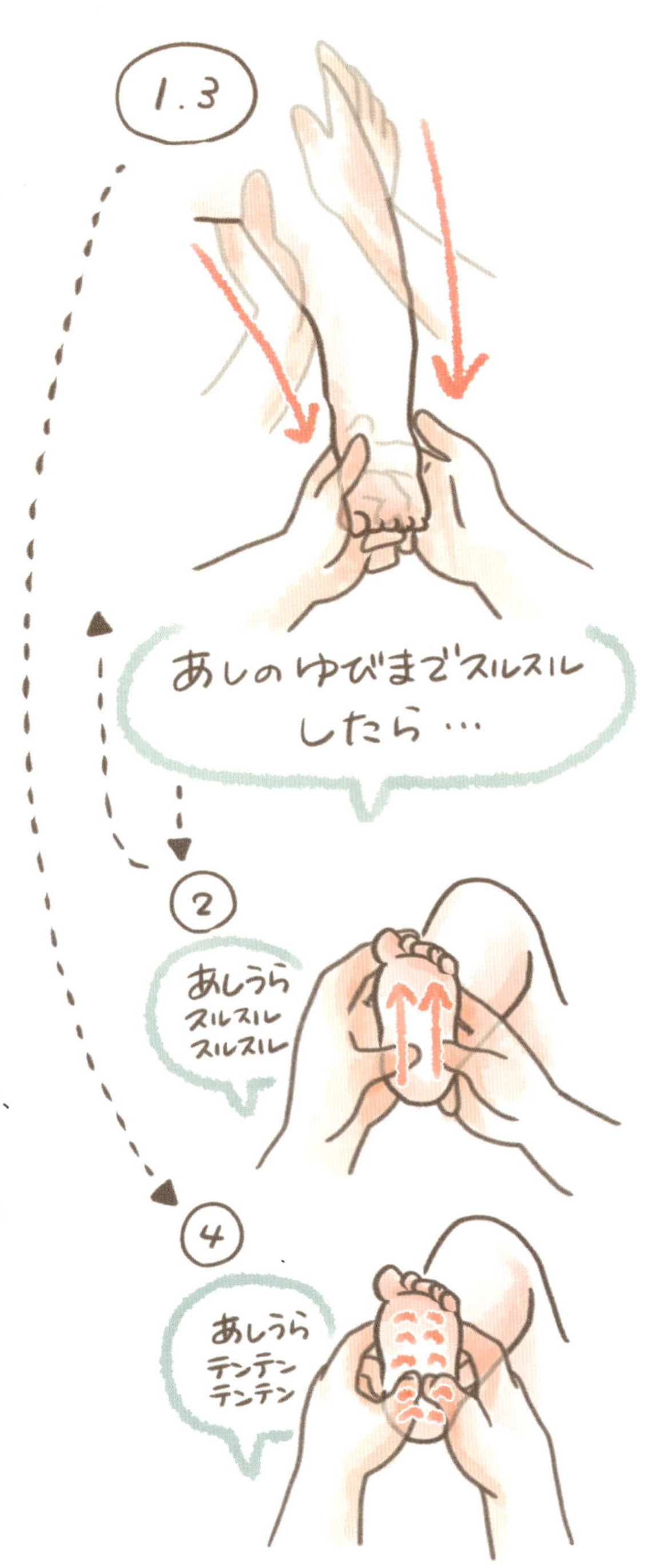

「スルスル」と「テンテン」は、力を入れずに軽く触れます。もし、くすぐったがるようになったらしっかりと圧力を加えてあげましょう！

⑤

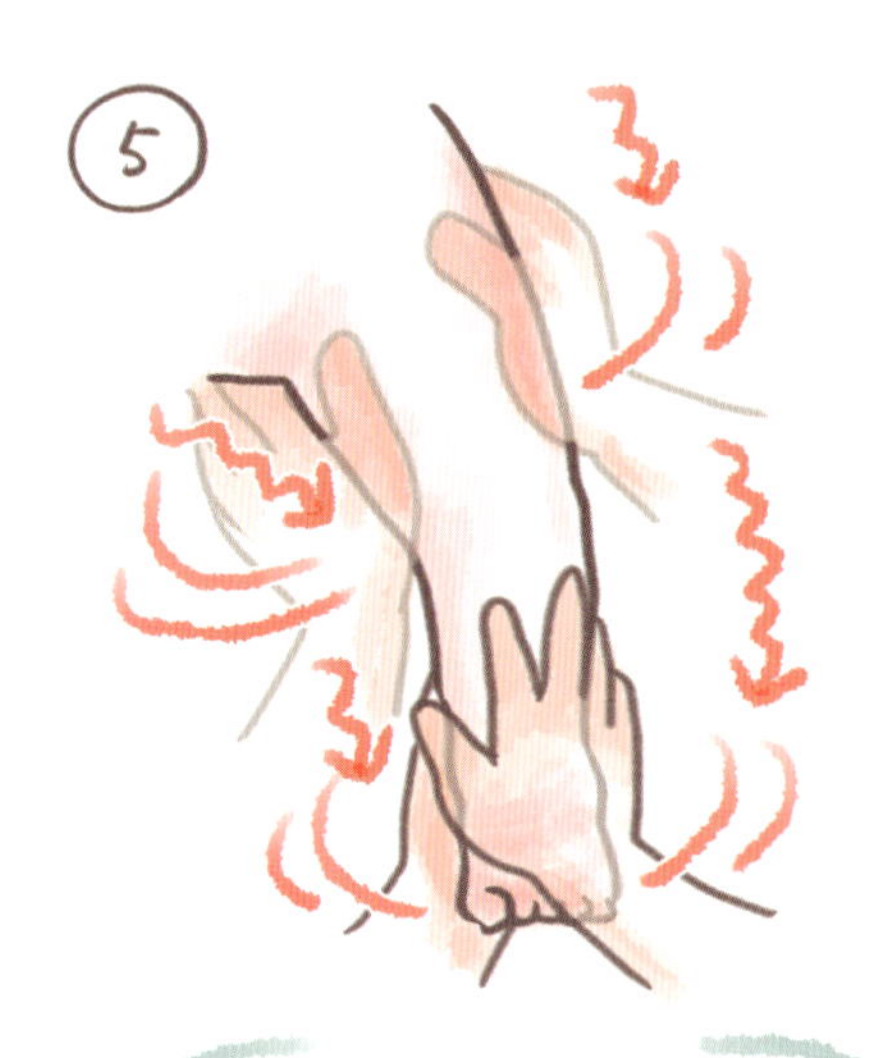

ゆったりとした口調で「ゆらゆらゆらゆら〜」と言いながら、太ももを大きく揺らします。

あしユラユラ、ゆらしながらゆびまでいったら…

⑥

ゆびをつまんでクルクル…

ポン！

指は親指からでも、小指からでも大丈夫です。指で優しく、「クルクル」と指をさすります。

5本ゆび全部クルクルポンしてね。

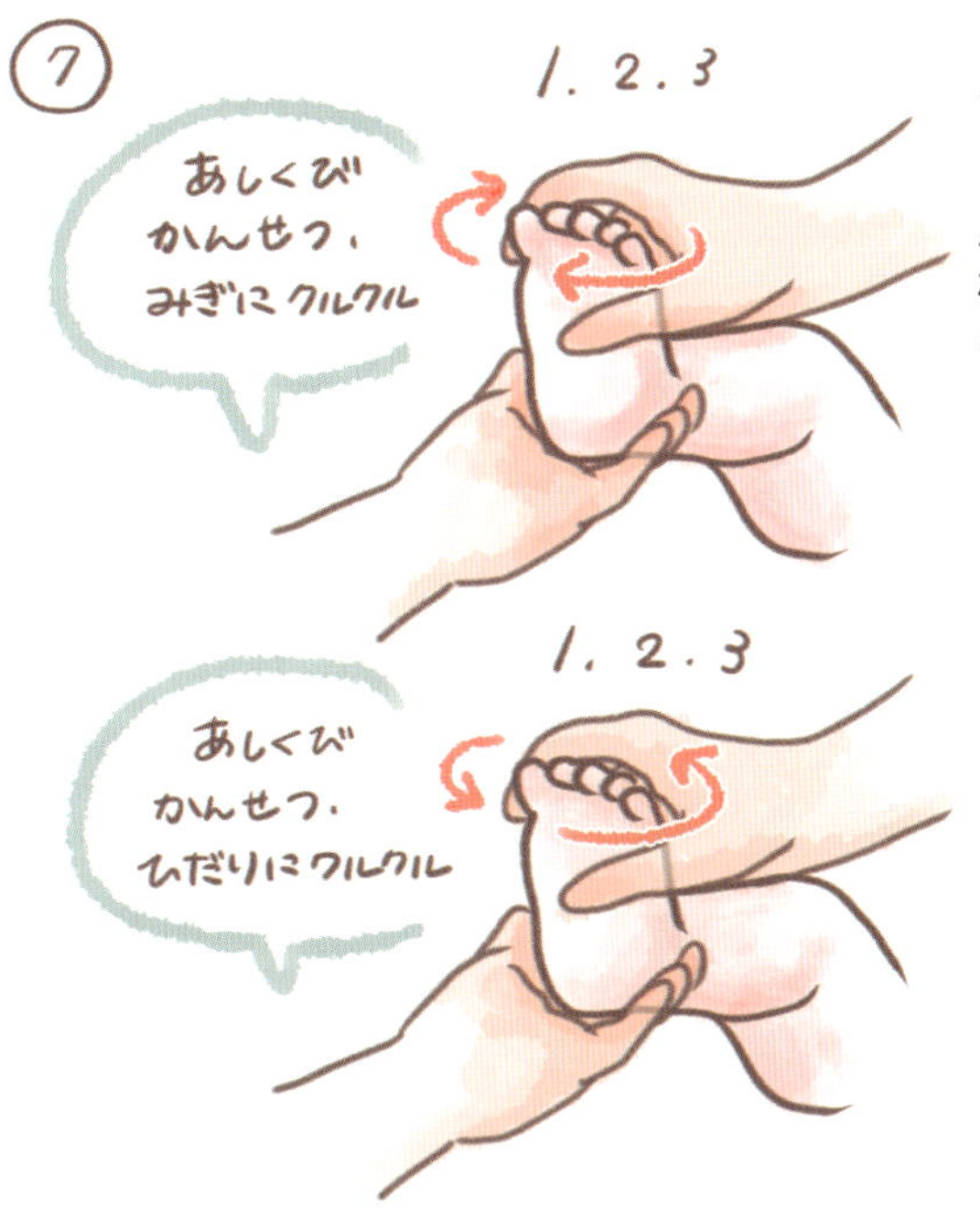

足首の関節を意識してね。

ずり這いを始めると足首の硬さに左右の差が出てきます。足首をクルクル回した時に、硬い方を２～３回多めに回してあげましょう。

右手も同様に①～⑧までやってね。

足の付け根のギリギリの部分から、太ももに触れて勢いよく「ブルブル～」とタッチ！月齢が低い（０～５ヶ月）ベビーにはあまり激しくブルブルはNGです。ブルブルの時に高い声を出すと喜びます。

❸腕と指のタッチ

**リンパの流れに沿って、
左腕⇨右腕の順がおすすめ！**

腕の付け根をパックンはさんで、
ママから見て右側からスタート

次は、おててだよ～♡

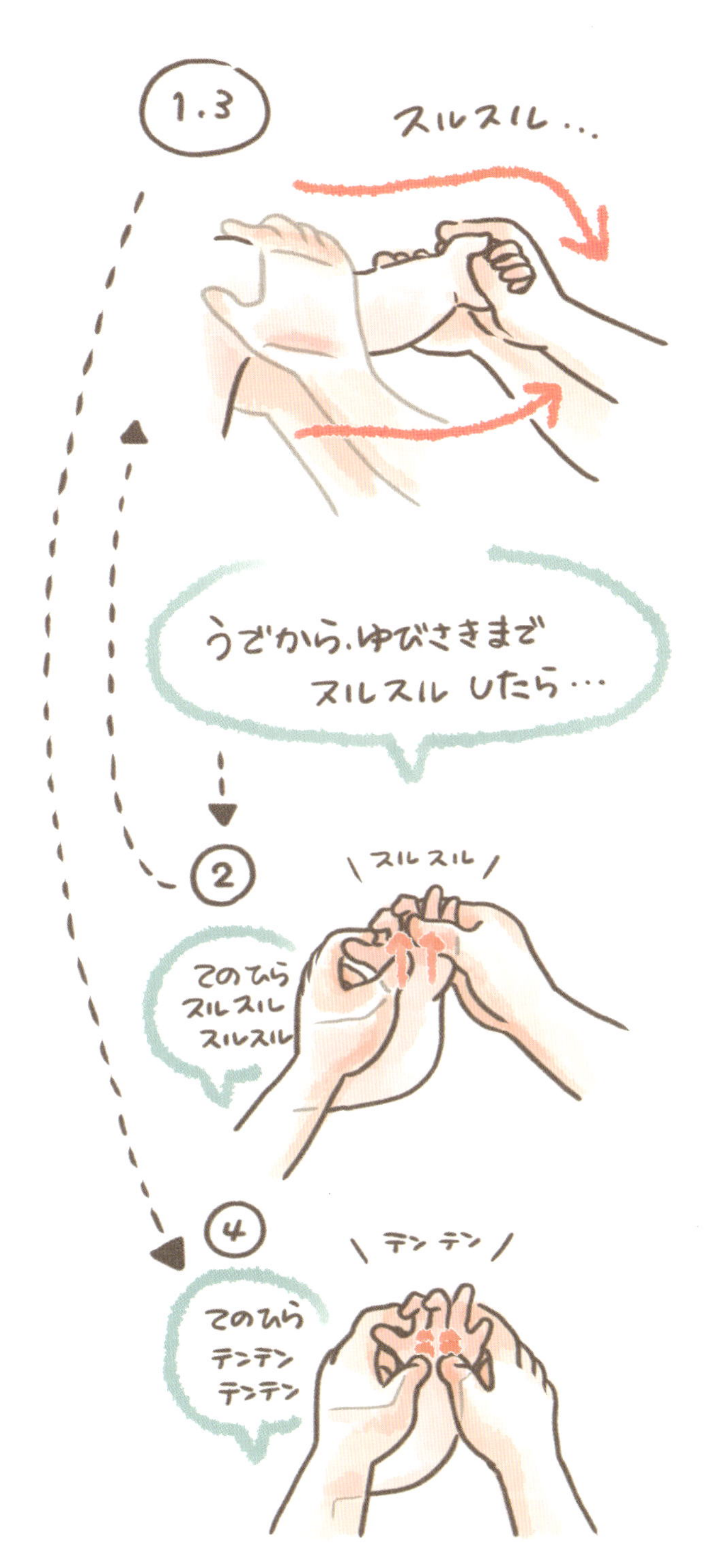

両手で挟んで「スルスル」が基本です。新生児期から2ヶ月頃までは、大人の手を握らせながら「スルスル」すると良いです。

ベビーは手をぎゅっと握りしめていることが多いです。その時は、無理やり広げようとしなくてもOK。タッチを続けるうちに、気持ち良さがわかって、「ふぁ〜」と広げるようになります。

新生児期の腕はかなり細いので、大人の親指と人差し指で腕を持って「ゆらゆら」するとちょうど良いです。両手で腕を掴める太さになったら、手をベビーの腕にピッタリと密着させてタッチをします。

てを ユラユラ ゆらし
ながら ゆびまでいったら‥

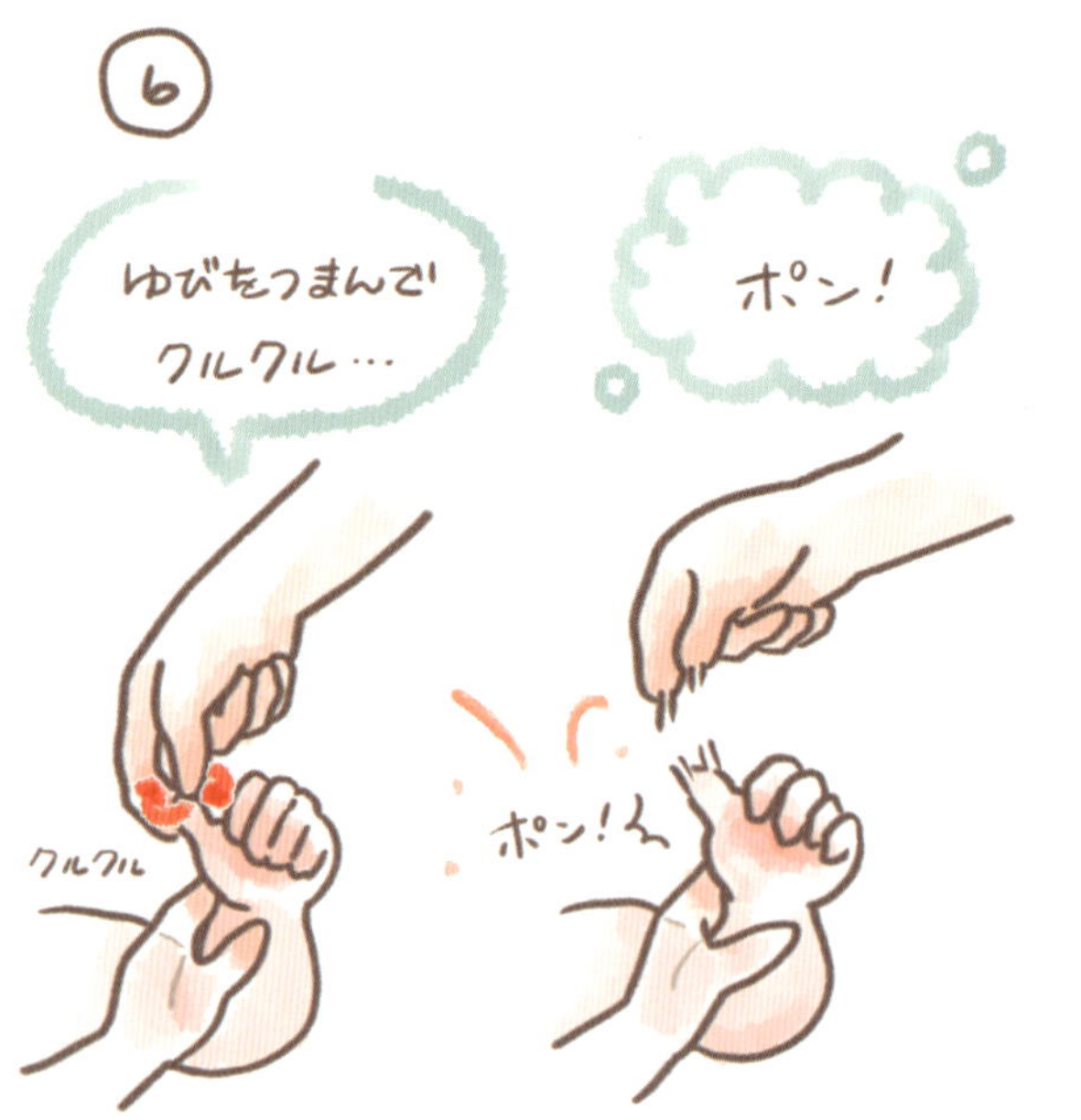

指を伸ばすようなイメージで、指をつまんで「クルクルタッチ」、最後は「ポン!」と離します。指をしなやかにすると、物を掴みやすくなり、遊びの幅が広がります。

手首を「クルクル」する時は、片方の手で手首を支えて「クルクル」するとやりやすいです。

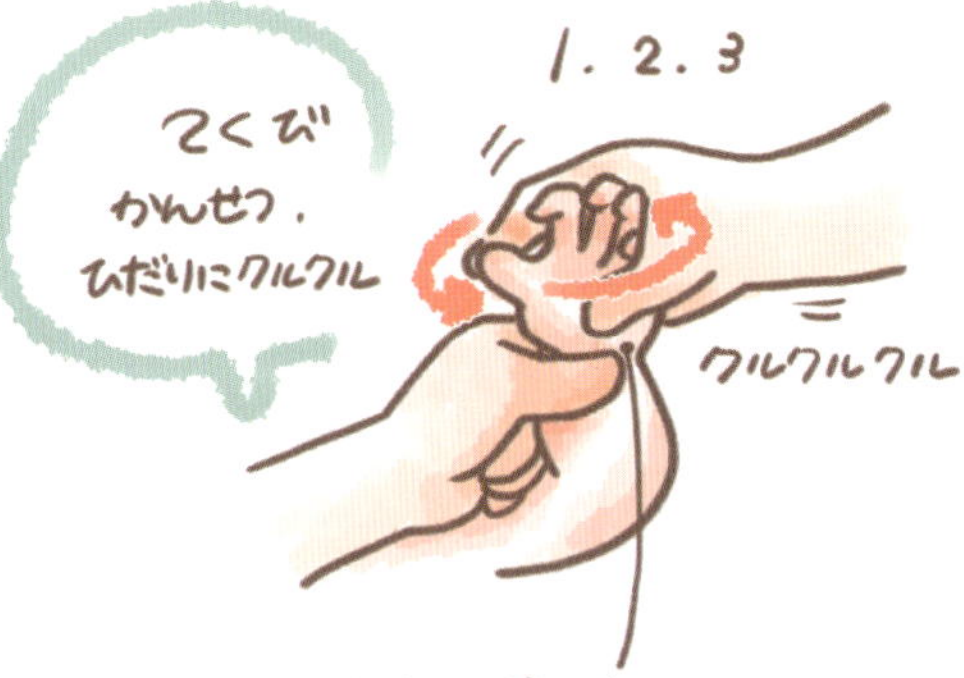

手首の関節を意識してね

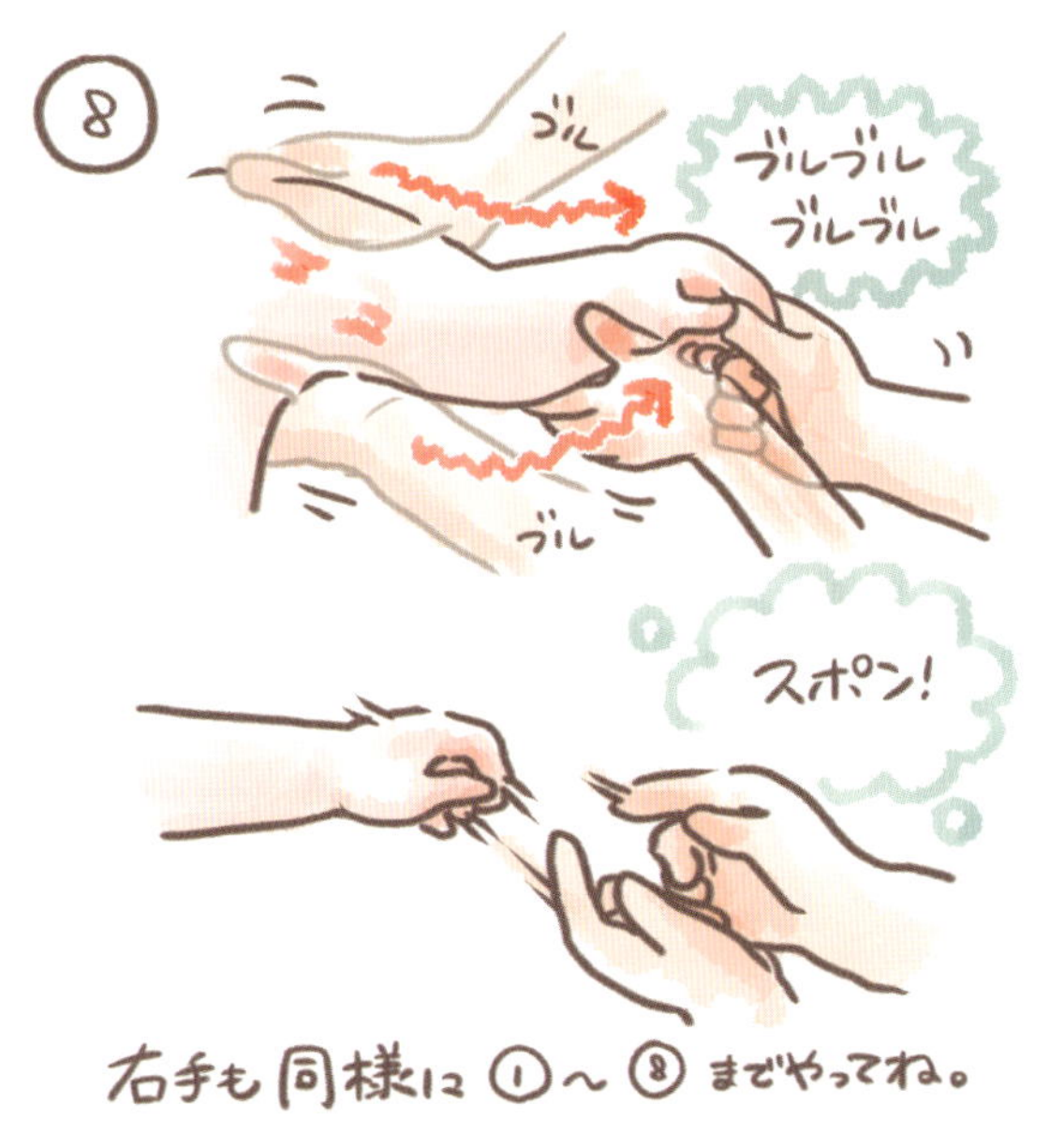

腕の「ブルブル」は、お着替えの時にすると喜ばれます。肩の関節がまだ柔らかいので、あまり激しくしないでください。

④お胸のタッチ

胸を広げるイメージで、「はぁと♡」にタッチ！

① お胸を広げてバンザーイ！のポーズ♡ ポジティブに導くタッチ

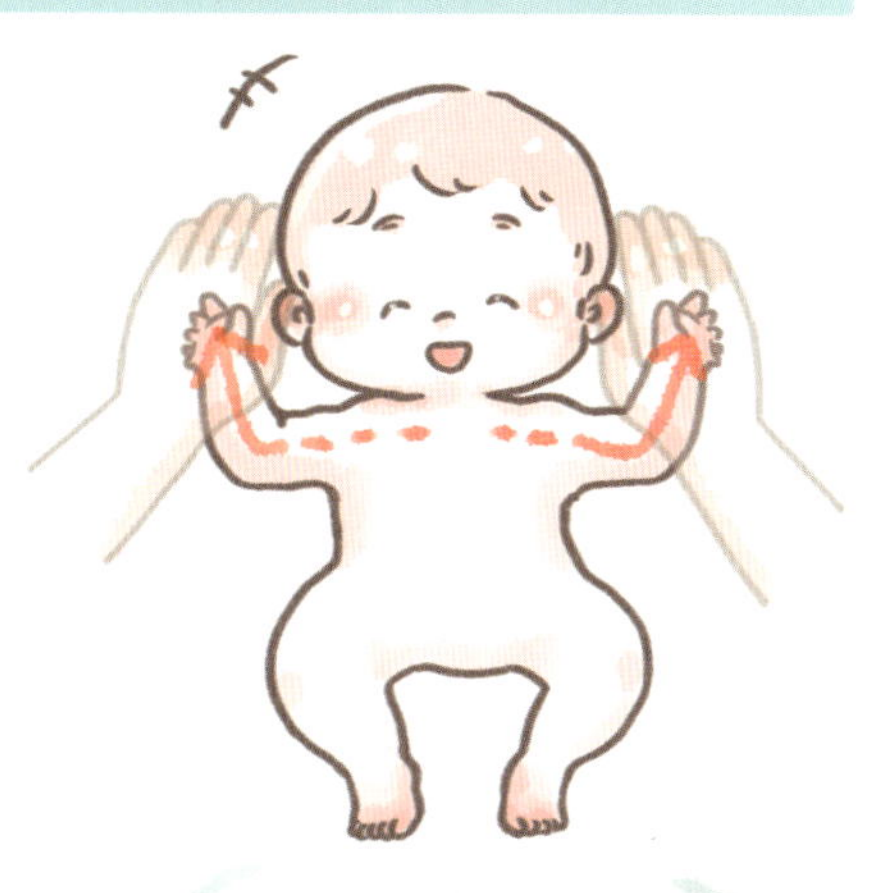

胸を広げるイメージでタッチ。呼吸が深くなり、気持ちも落ち着きます。

② お胸の中心から肩を通ってはあと♡をかくタッチ♡

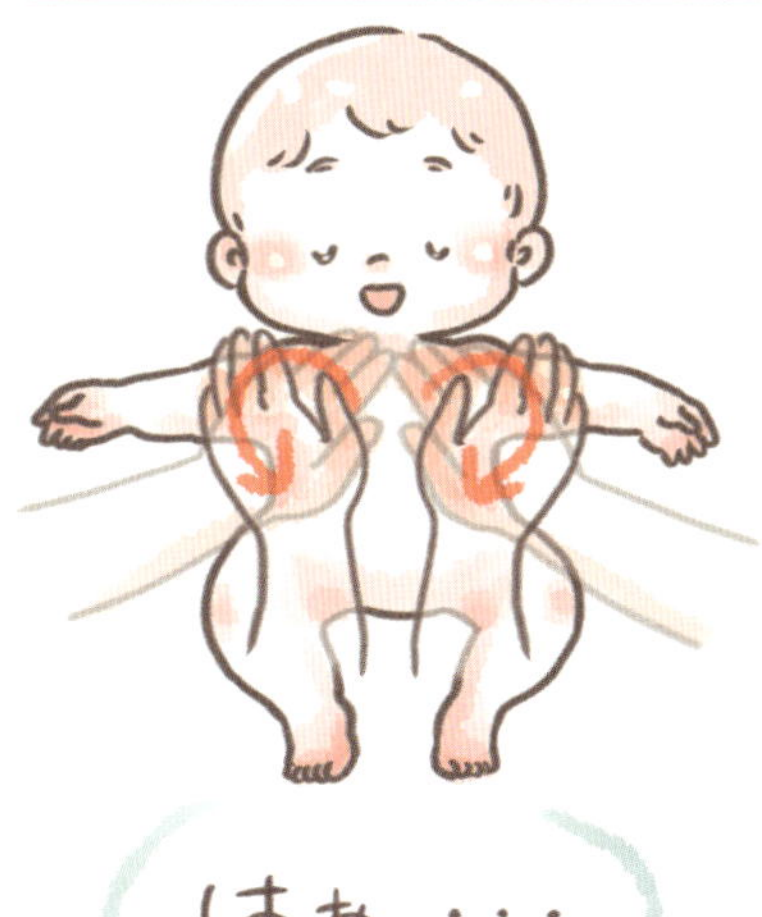

このタッチは「はぁと♡」の声かけがとても大切です！
ベビーが寂しい時や、癒やして欲しい時にほしがるタッチです。

❺ 脇腹とお腹のタッチ

お腹に強い圧がかからないように、優しくタッチ！

＼左右の脇腹にそっと手を沿えてスタート！／

こんどは　わきばらと
おなかのタッチだよ♡

①脇腹を通って お腹ぐるぐるタッチ♡

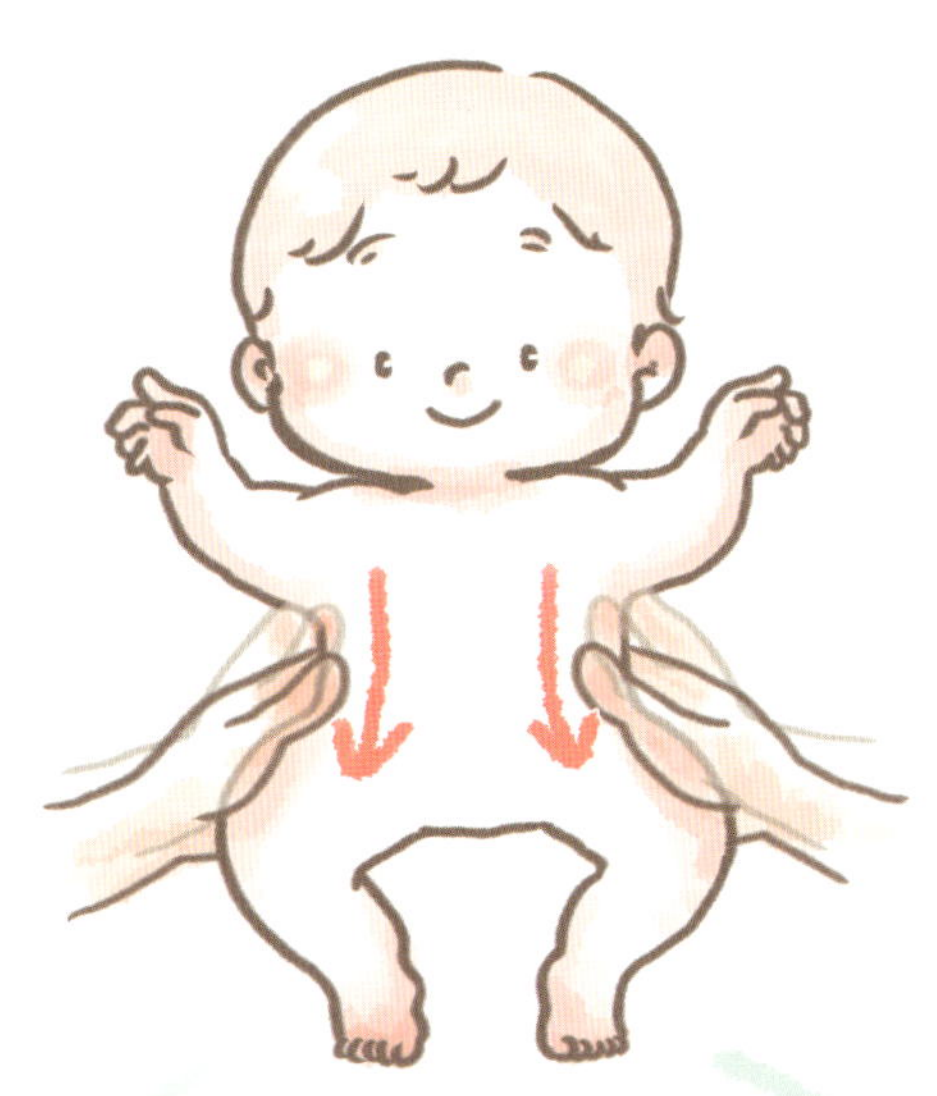

新生児期にはとても優しく、「そーっ」としたタッチで。少し大きくなったらくすぐったがる場所なので、ベビーがくすぐったいようなそぶりを見せた時はハグするようにタッチをしましょう！

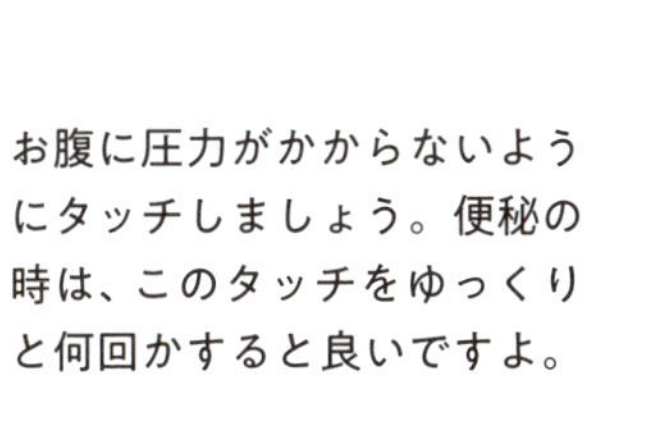

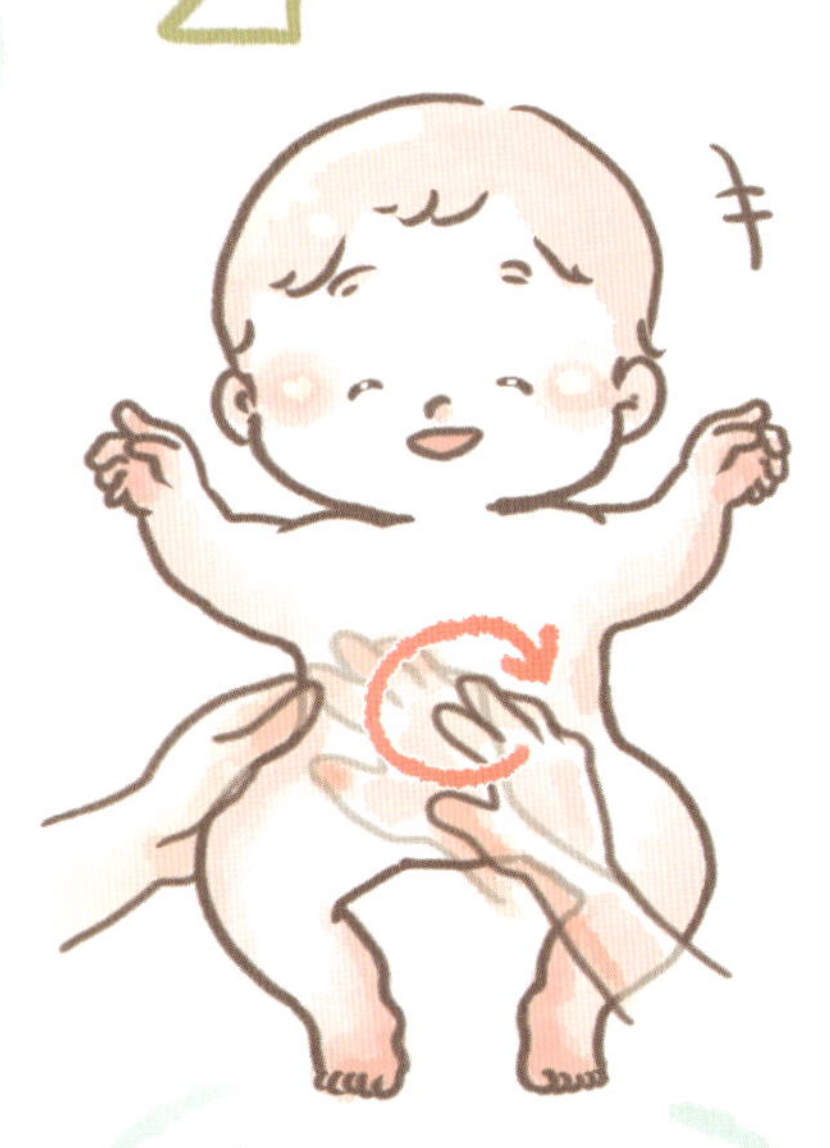

お腹に圧力がかからないようにタッチしましょう。便秘の時は、このタッチをゆっくりと何回かすると良いですよ。

② 脇腹を通ってお腹ゆらゆら、やさしくストン〳〵のタッチ♡

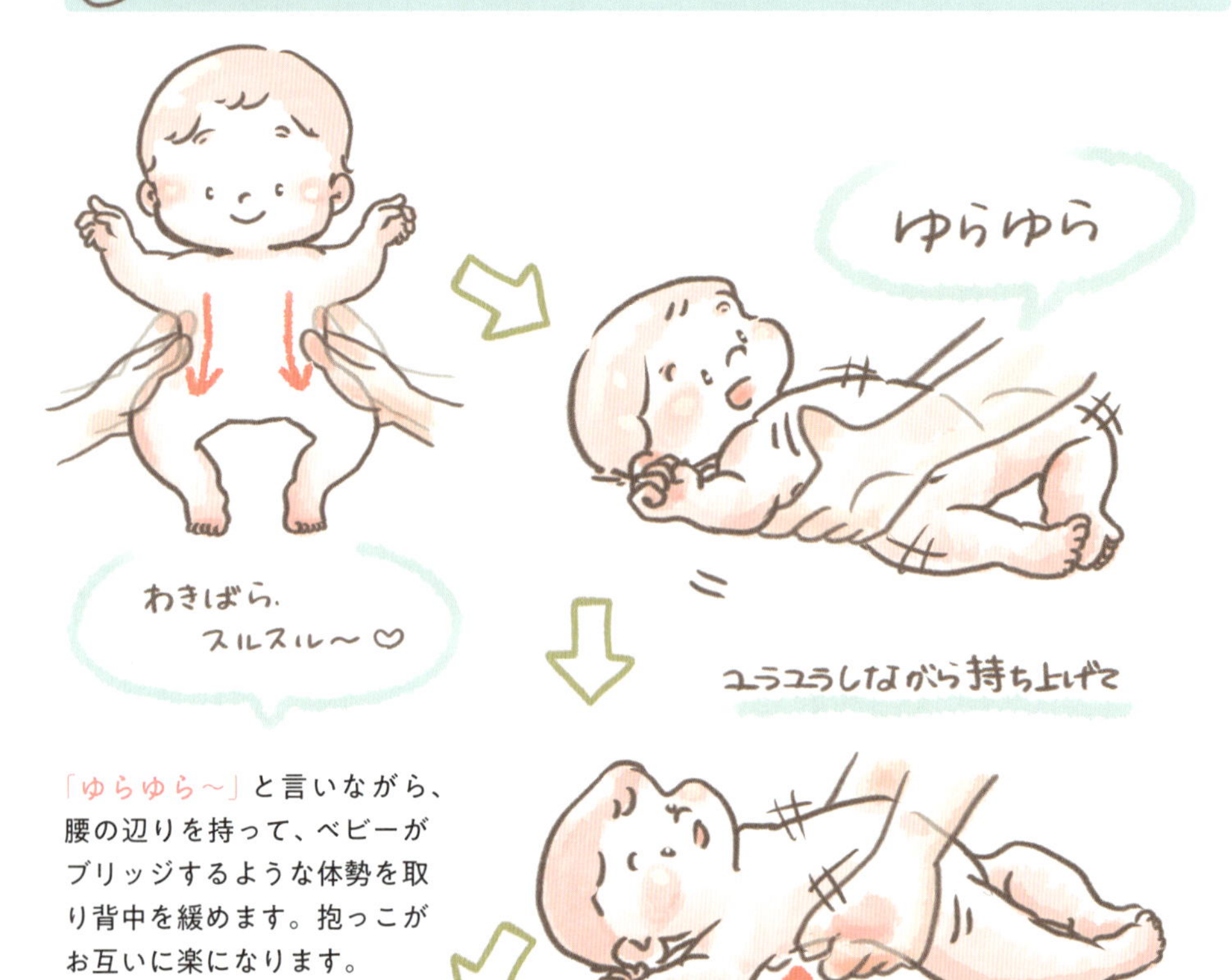

「ゆらゆら〜」と言いながら、腰の辺りを持って、ベビーがブリッジするような体勢を取り背中を緩めます。抱っこがお互いに楽になります。

「ストン」と下ろす時は、必ず手で支えてください。

❻ 頭と顔のタッチ

くるくる、スルスル、ゆらゆら、ハグ！

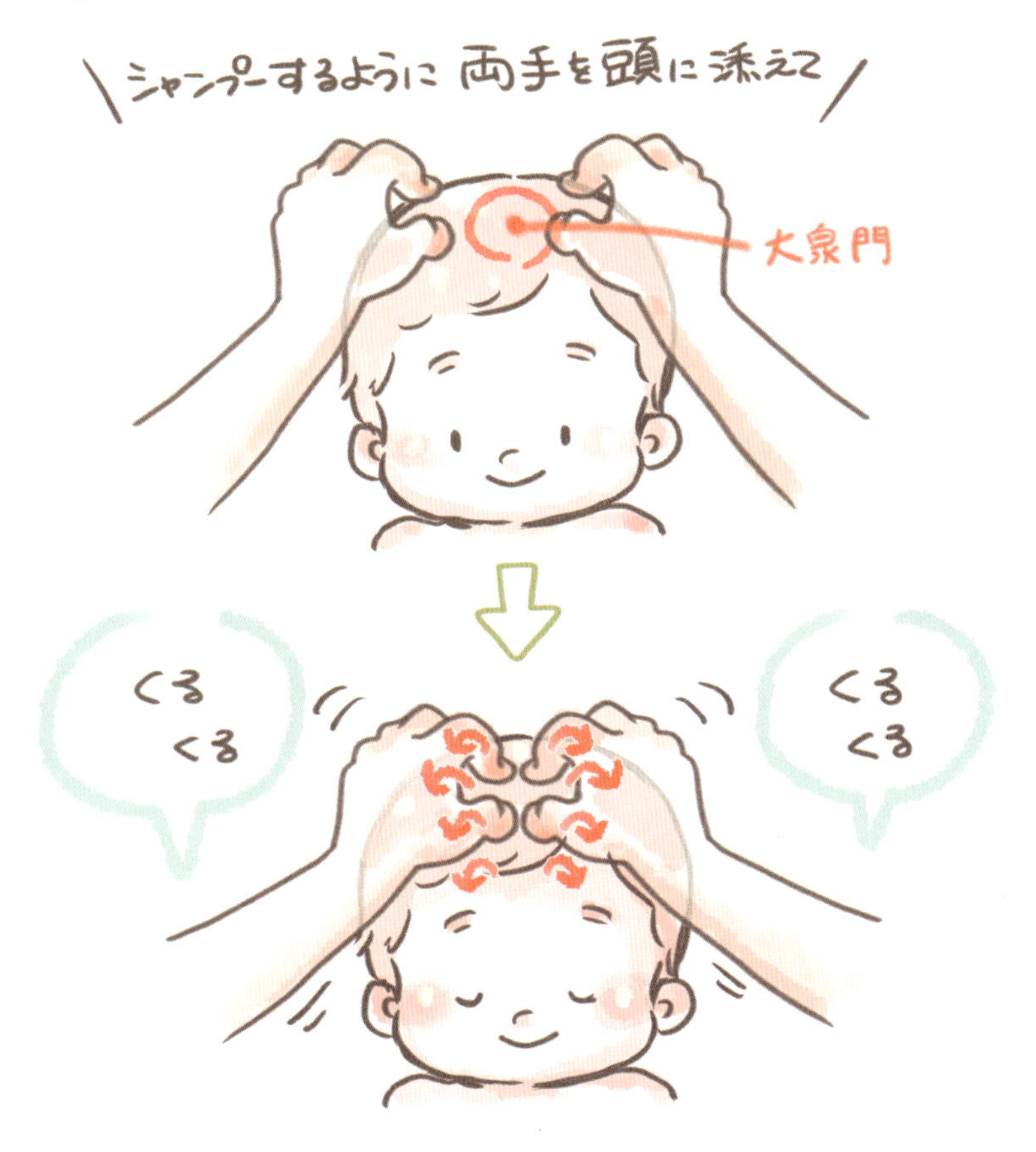

大泉門（頭の真ん中や柔らかい部分）には触れないようにタッチします。大泉門は個人差はありますが、1歳半頃には塞がるので、塞がったら満遍なく頭をタッチしましょう！

ほっぺの「スルスル」「ゆらゆら」「ハグ」は、最後にほっぺの上で終わらせると機嫌が良くなります！試してみてください。

② 顔のタッチ （スルスル・ゆらゆら・ハグ　3つのタッチで）

スルスル（優しくひふの表面をなぞるイメージで）

ゆらゆら（優しくひふの表面をゆらすイメージで）

ハグ（包み込む様に触れるイメージで）

⑦ 背中のタッチ

縦、横、斜めにスルスルタッチしましょう！

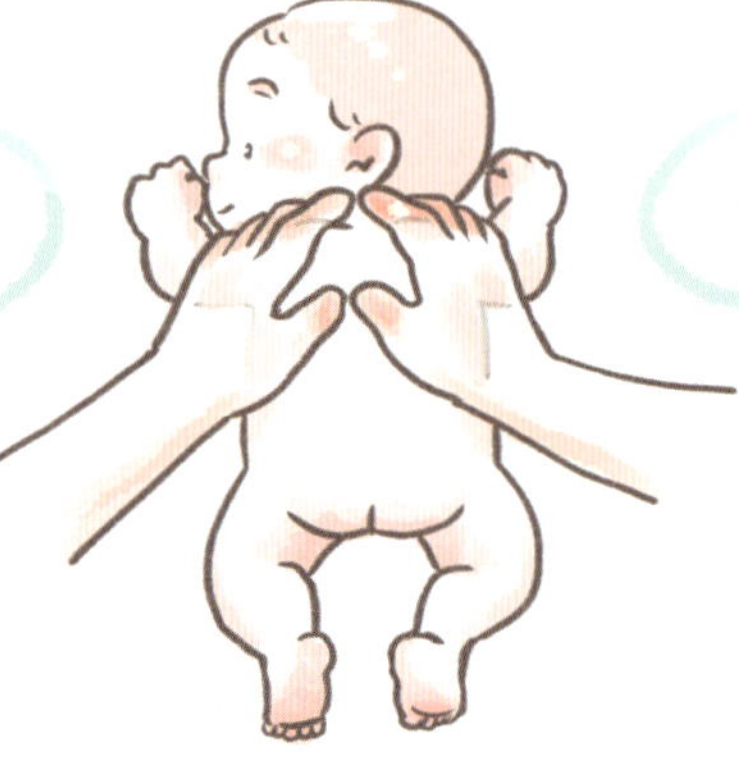

背中のタッチは抱っこ紐の上からや、タミータイムの時がタッチチャンスです！
背中の張りをとるタッチは、抱っこする方もされる側もどちらも抱っこがピッタリとフィットして気持ちが良いし、抱っこが楽になります。
外出先でも手軽にできるタッチなので活用してください。

① 縦・横・斜めのスルスル（からだに沿わせる様に。）

縦

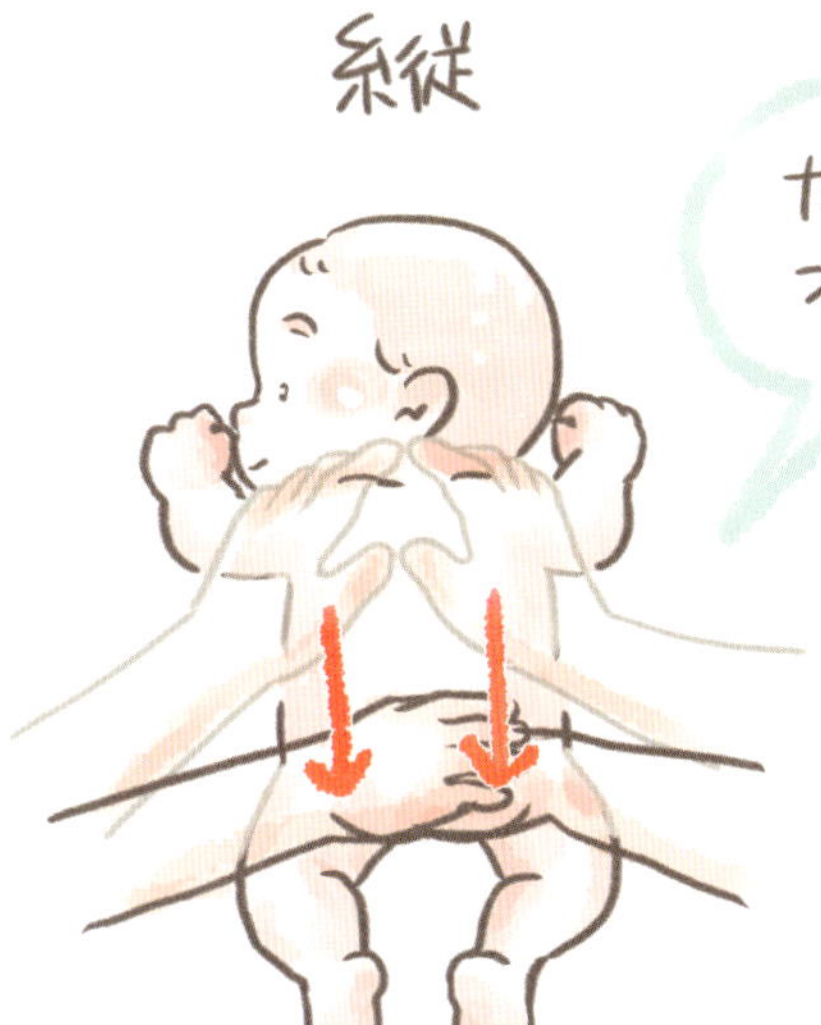

「縦スルスル」は首から尾骨までしっかりタッチ。

横

よーこ、
スルスル

いったり →

← きたり

「横スルスル」は脇腹から脇腹までタッチ。

斜め

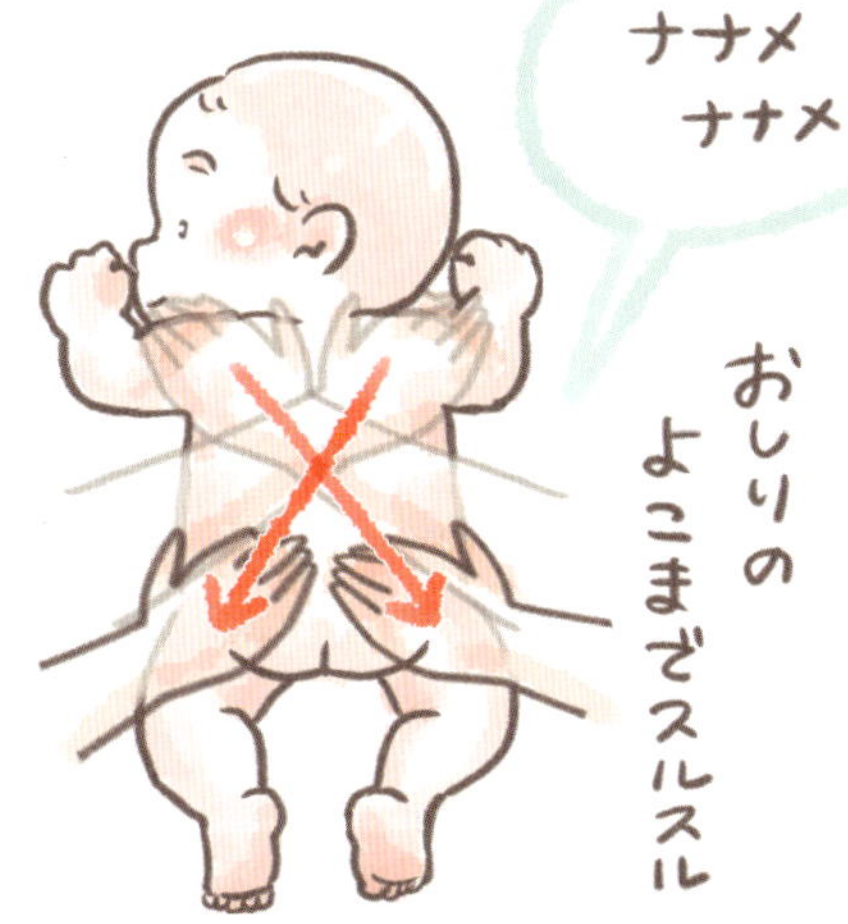

「斜めスルスル」はよく「バッテン」と声かけしがちですが、「バッテン」ではなく「ナナメナナメ」で声かけしましょう。

② 背中４点、ゆらゆら、ハグのタッチ

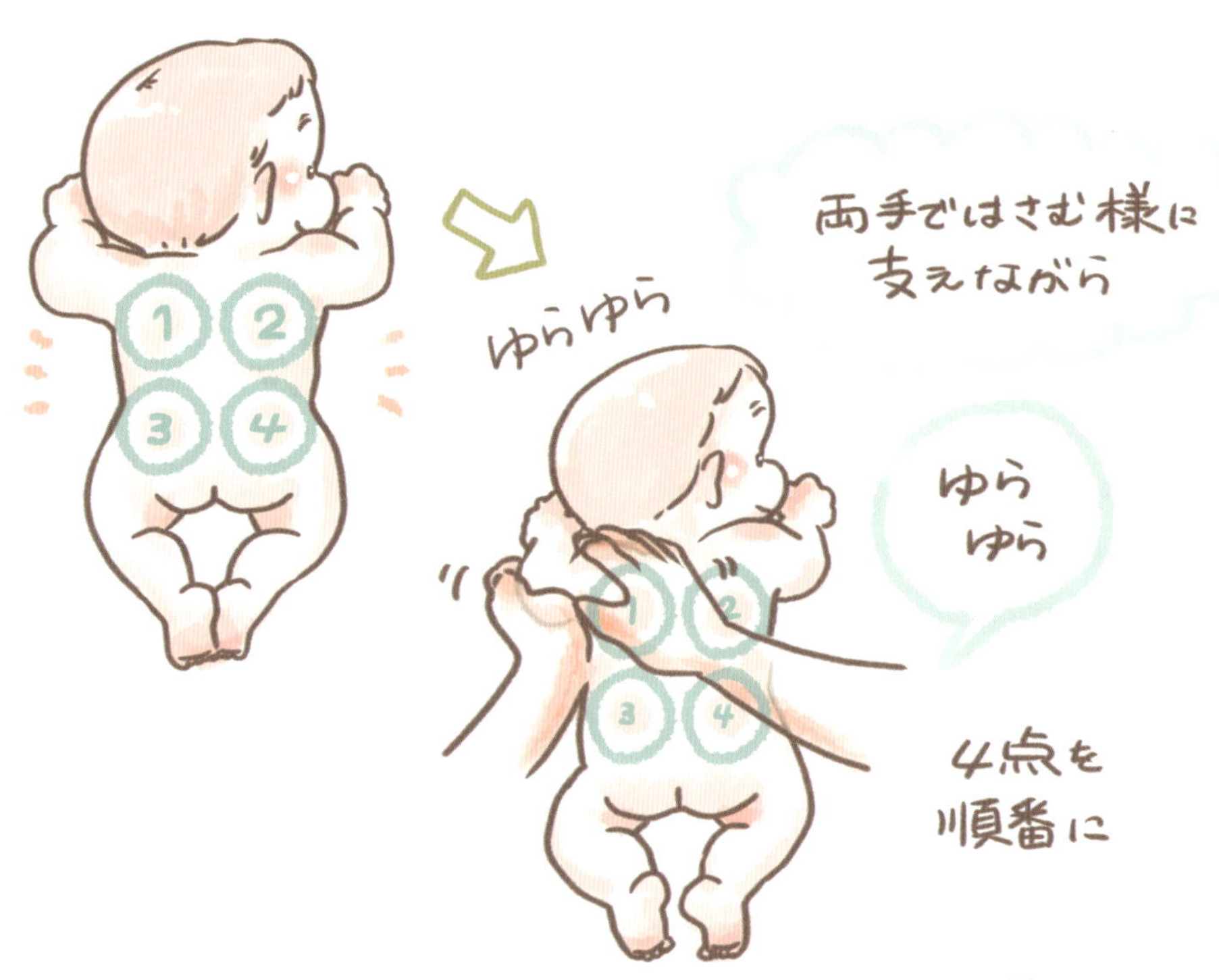

背中のタッチは、①～④まで
を順番に繋がるようにタッチ
します。

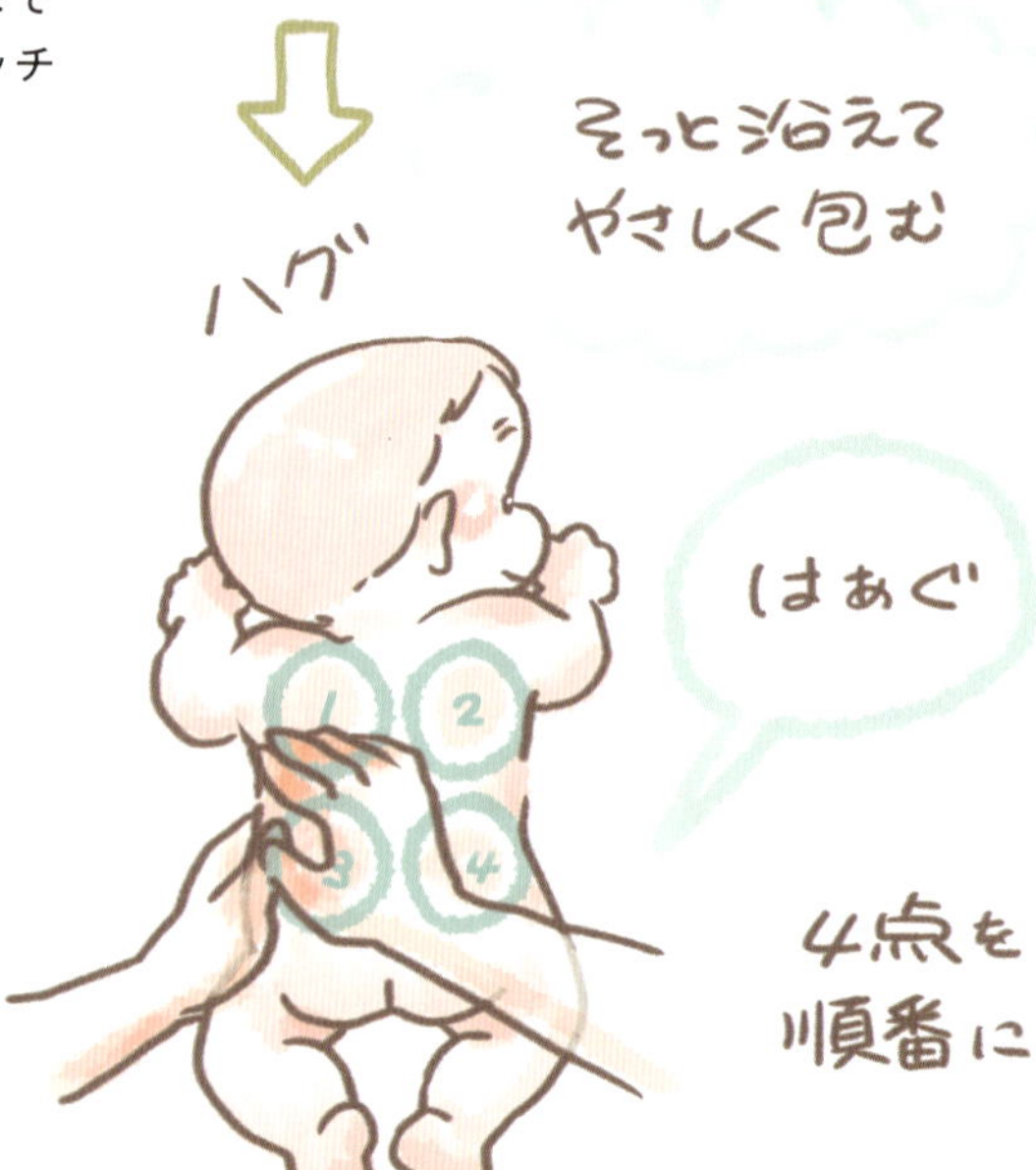

キッズのタッチ①

筋肉をゆるめるゴロンのタッチ

胸に手を当てて、呼吸を
整えたら、スタート！

ゴロ―――ン

３歳くらいから始めるキッズタッチの一番の狙いは、「心の言語化」です。

一通り自分で何でもできるようになり、言葉もどんどん話し始める時期なので、子どもに気持ちを言葉で表現させがちですが、まだまだ難しいところ。そもそも自分の気持ちを言葉にするって、大人でも難しいですよね。

触れながら、ベビートークを使って心の言語化を助けましょう。

① ゆらゆらブリッジ、やさしくストンっ

キッズのストレッチングは、一方向ではなく、色々な方向に体を伸ばすことで筋肉が緩みやすくなります。

② 両手を持って ゆらゆら

なるべく脱力できるように、「あ～」とか「う～」とか声を出させましょう！

③ ギュウっ…のび〜！（左右やってね）

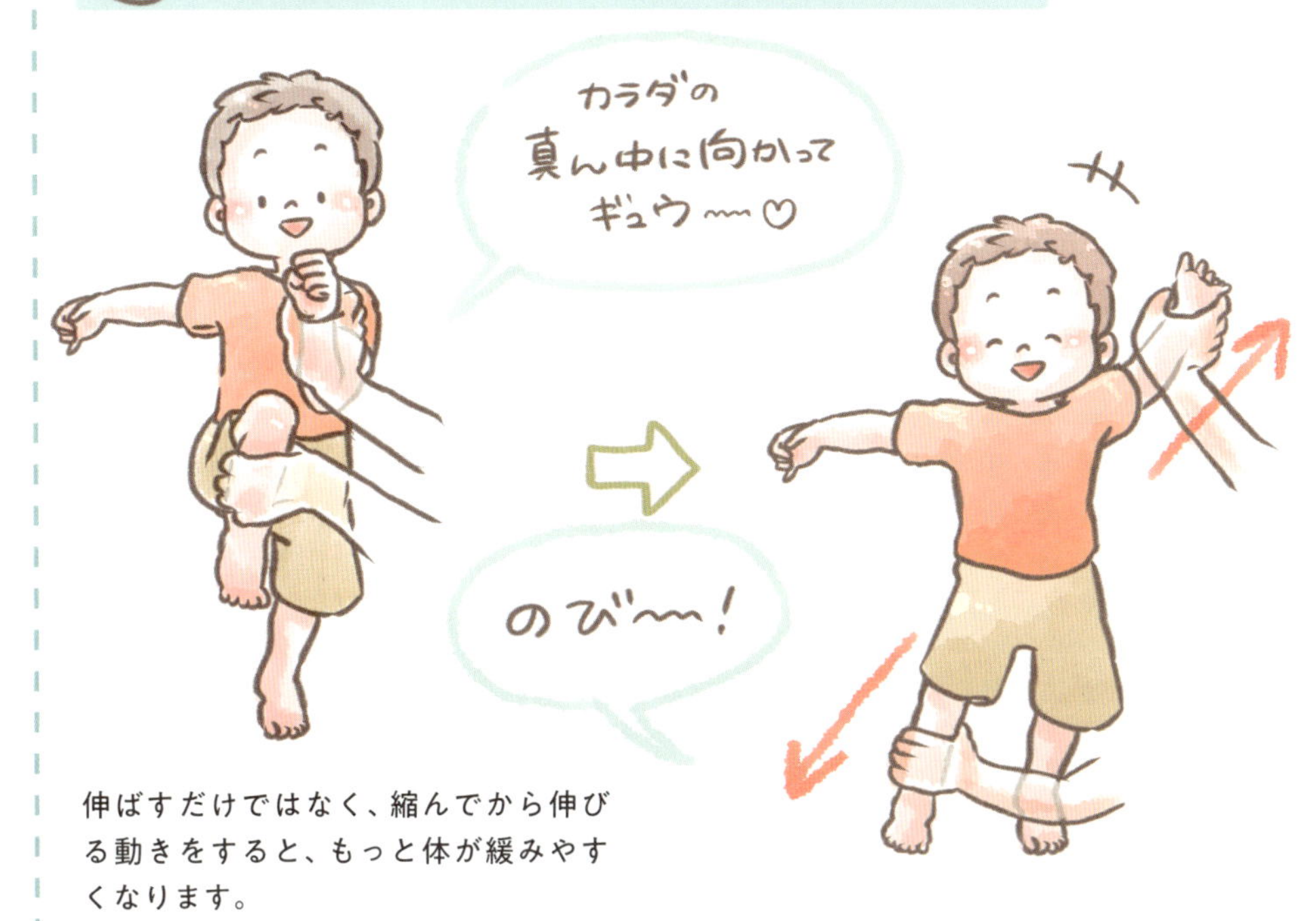

伸ばすだけではなく、縮んでから伸びる動きをすると、もっと体が緩みやすくなります。

④ 手をクロスさせて‥のびー！

キッズのタッチ②
脳をポジティブに導く“立ってするタッチ”

ジャンプは人を手軽にポジティブにしてくれますが、これはジャンプ運動が、楽しさや気持ち良さを感じる脳内物質・セロトニンを分泌させてくれるからです。

交感神経と副交感神経のバランスを整えて、消化器能力のアップもできる優れたタッチです。

3
3
五感に集中する
タッチしている間
ハイ!
4
4
強いタッチをしない
Softに
ハイ!
5
5
完璧にできなくても気にしない!
ハーイ!

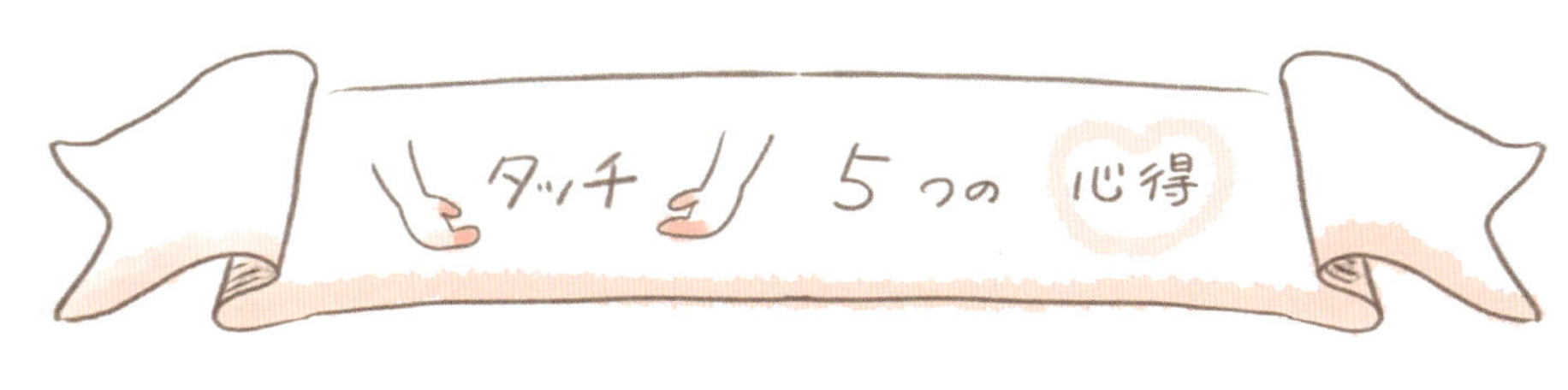

タッチをすることは、呼吸をすることや食事をすることと一緒で、とても自然なことです。
だから、タッチを「しなければいけない」とか、自分で決まりごとを作らず、タッチ自体を楽しんでください。

可愛いベビートークの作り方

ベビートークは、大人がベビーに話しかける時の、大袈裟なイントネーションや表情、ジェスチャー、高めの声、語尾の強調、喃語や擬音などで、可愛くて自然に出てくる言葉です。そしてこの言語がベビー時代の思い出とリンクして、将来、親と子どもとの衝突の緩衝材になる、ものすごい力を持っているのです。

ベビートークは、親が使うのは当然のこと、子どものいない人でも、赤ちゃんや子ども、可愛がっているペットなどに向かって、自然と口から発してしまうことがあります。「ないないね〜」「タッチ」「ブーブ」「チンチン」「わんわん」など繰り返し言葉や音を表現しますし、絵本でも『いない いない ばぁ』『しましまぐるぐる』『んぐまーま』『もいもい』※などベビートークを使ったものがたくさんあります。ここではベビーの耳に入りやすく、興味も持ちやすいものをベビートークと言っています。

子どもは成長をするなかで必要なコミュニケーションを、親の言葉や態度、ジェスチャーをコピーして学び、発声していきます。コピーといってもまだ舌の使い方

※『いない いない ばあ』（文：松谷 みよ子・絵：瀬川 康男・童心社刊）、『しましまぐるぐる』（絵：かしわらあきお・学研刊）、『んぐまーま』（文：谷川 俊太郎・絵：大竹伸朗・クレヨンハウス刊）、『もいもい』（作：市原 淳・監修：開 一夫・ディスカヴァー・トゥエンティワン刊）

や口の筋肉、唇の使い方が未発達なので、大人のように上手にはできませんが、またそれが可愛くて、**大人たちが反応し、その反応を愛情としてキャッチして、相互コミュニケーションを果たしています。**

私の考えるベビートークは、声だけではなく、目や口といった表情はもちろん、身振りを含んだものです。特に表情にはパワフルな力があります。

コロナ禍では、マスクをしていることも多かったので、顔全体の表情を見られないことがありましたが、マスクに隠れていない目だけでも、笑顔を見せる時にちょっと細めるだけでリアクションが大きく変わります。笑顔はベビーに向けた基本の表情ですが、一番ベビーの心を掴むのは、**びっくりしたような目を丸くする表情です。**

さらに、目が合って、びっくりした表情をした後に、パッと目を逸らすのがポイントです。これを何度か繰り返すと、ベビーの方から体を乗り出してでも目を合わせようとするはずで、

表情は大事なコミュニケーションです。できるだけ目でも口でも、大きく開いたり動かしたりしてください。

それが可愛いのです！

また、マスクをしている時でも、びっくりした時は大きく口を開けたり、口角を上げたりするだけでもベビーには伝わりやすいです。

ジェスチャーは、大人同士でも言葉が出ない時になんとか身振り手振りで人に伝えようとするのと同じように、自分が行きたい方向を指差したり、伝えたい形を作ったりして感情を表現します。

ベビーに対して使う時のコツは、**大袈裟に表現をすること**です。ご飯を食べる時に大きく口を動かしたり、「美味しい！」と両手をギュッと胸の前で合わせたり、「ばんざ〜い！」と両手を上げたりと、大袈裟に表現することでベビーは「なんだなんだ？」と反応して、距離がどんどん縮まります。

里帰り出産や残業でなかなかベビーに会えないパパが、抱っこしたくてもベビーに泣かれてしまうというお悩みを抱えることがあります。そんな時は、ちょっと自分のキャラクターに合わなくても、少しオーバーにジェスチャーをしてみてください。最初は目を釘付けにされちょっと引いていたベビーも、何日か繰り返すことでパパの抱っこで泣かなくなるケースが多いのです。

「ベビートーク」を使うのは、可愛いだけではなく、ベビーにとって、とても魅力

的で、私たち大人の言葉を覚えるのに役立つ大切なステップになります。そうしたこともあり、ベビートークはベビーボンディングの最も重要な部分でもあります。

ベビートークの発達段階

ベビートークには段階があり、はじめは「クーイング」と「喃語（なんご）」から始まります。この発達は言語コミュニケーションに必要なだけではなく、子どもが成長のなかで大人に可愛がられ、保護してもらい、きちんと意思を伝えるための生まれ持った能力だと私は考えています。

鳥の鳴き声？「クーイング」

クーイングは、「あー」とも「うー」とも違う、鳥のさえずりのような音を発します。生後2ヶ月から3ヶ月に見られると言われますが、生まれてすぐから口を閉じた状態でもその音を発しています。その音は口の奥の方で音を生み、喉を鳴らすという表現が一番近いかもしれませんが、私が真似ようとしても、「ゔぉえっっ」という酔っぱらいのえづく音、もしくはアニメ『サザエさん』のような「ふんが」という音しか出ません。

よく「初めての言葉は何かな？」なんてママたちが話をしているのを聞くのですが、**実はこの「クーイング」が最初の言葉かもしれません**。新生児期があっという間に過ぎてしまうように、クーイングを発する時期もあっという間に過ぎてしまいます。

先ほど鳥のさえずりと表現しましたが、実際に進化論で有名なダーウィンは、鳥のさえずりを「言語に最も近い類縁」と呼んでいたので、私たち人類の最初の言語かもしれませんね。

このクーイングの時期を過ぎると「喃語（なんご）」を話します。

「喃語（なんご）」といえば「バァブゥ〜」!?

喃語はクーイングとは違い、舌や唇を言葉を話すために必要な口の筋肉を使って発声する言葉です。多くは「だー」という濁音や「パーパー」などの半濁音です。喃語の代表格と言ってよいのは『サザエさん』に登場するイクラちゃんの「バァブゥ〜」です（実は現場ではあまり聞いたことはないですが）。

喃語は「意味のない言葉」と言われますが、**言語的には意味がなくても、感情面では意味があります**。多くのママが我が子の喃語を聞き、機嫌の良さや悪さなどをキャッチしているので、これも非言語という言語です。

親子の絆「ベビートーク」

クーイング→喃語と、ベビーがママ・パパや周りの大人たちとたくさんコミュニケーションを取ろうとしてきたら、いよいよベビートークへと成長をします。

ベビーに話しかける時、親が母音を誇張したり声の高さを上げたりすればするほど、ベビーは喃語を発するようになることがワシントン大学の研究でわかっています。**かける言葉の量より質が大事で、親が楽しく「かわいぃぃいぃ」と気持ちが昂る状態で話しかけることが重要です。**

ベビートークの基本はベビーが発する音や言葉を真似することから始めます。

「あ～」という音を色々な抑揚をつけて発するだけで、ベビーの反応が違います。彼らの発する「音」をフラットな発音にしたり、抑揚をつけたり、短くタンギング※して相槌を打つと、ベビーは興奮して口を尖らせて、自分が疲れるまで会話のように音を発してきます。でも**大人が相槌を打たなくなると、すぐに会話をやめてしまいます。**私たち大人がベビーの音を真似することから始めて、少しずつアレンジを加えながら返すと、彼らも真似をして、自分なりのアレンジを加えてくれます。最

※舌を素早く使って音を短く切ることで、クリアで歯切れの良い発音を作る方法。

初は一方的に発していた音も、次第に抑揚をつけるようになり、タンギングしたり、そのうちに大人の話すターンをきちんと待ってから、自分の言葉を発したりするようになります。「会話している～！」と嬉しくなる瞬間でもあります。このように成長段階を楽しみながら会話を作ることができます。

ベビートークは最初は音から始まり、喃語になり、だんだん言葉が増えていきます。そこに、表情やジェスチャーを同時に加えていきます。子どもが言葉をしっかり話せるようになっても、ベビートークを多めに取ることで、コミュニケーションがシンプルにわかりやすくなります。

クーイングと喃語にはなんとなく終わる時期が来ますが、**ベビートークはいつまでも終わらせる必要はありません**。使い方にもよりますが、このトークを使い続けることで、その先の成長に沿った困りごとの解決になる、重要なコミュニケーションが取れるようになるのです。

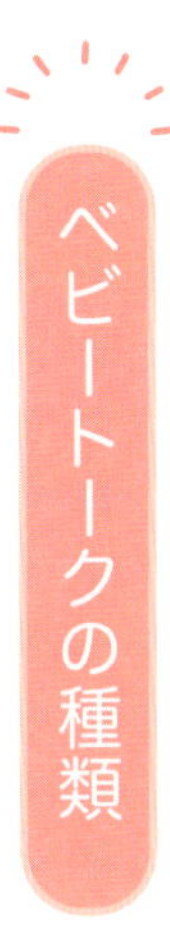

私が考えるベビートークは、大きく分けて３つのカテゴリーがあります。

① 語尾変換
② イメージ言語
③ 言い間違え

それでは、それぞれを紹介していきますね。

①「ちゃん」「たん」語尾変換

名前、感情、行動、これらの語尾を変換するというものです。一番簡単にできるのが「ちゃん」や「たん」を語尾につけるものです。名前につけるのが一番多いでしょう。例えば私の場合は「かよ」ですから、「かよちゃん」「かよたん」となるわけです。名前だけではなく感情を表す「嬉しい」「悲しい」などの語尾につけると「嬉たん」「悲しいちゃん」となります。また行動につけてみると「散歩に行くちゃん」という感じです。

名前や感情、行動の語尾につけることで、「誰が嬉しい（悲しい）」「誰が何をする」といった一番基本的で、大事な情報や気持ちを言葉でやりとりするチャンスが増えます。

これは最初に使うにはとても手軽で、楽しく活用できます。

私は娘を呼ぶ時によく使っていました。

娘の名前は「もも」というのですが、可愛さのあまり、呼び方を「ももたん」から「たんちゃん」と、どんどん変換していき、最後は「ちゃん！」と呼ぶようになってしまい、元の名前の「もも」はどこにもなくなってしまいました。ですが、そんな私を小さな娘は温かく受け入れてくれていました。随分後になって聞いたところ、「（**私の名前**）**ももなんだけど？**」と、心のなかで突っ込んでいたそうです。

語尾を変換する以外にも、「ふうせん」→「プウセン」、「お布団」→「オプトン」のように半濁音に変換するものや、「どうしたの」→「どちたの」のように言葉を短縮する方法もあります。

変換

ベビートークのポイントは、気持ちをそのまま言葉にしてしまうことです。
本来の言葉の意味は、成長すればちゃんと理解して、その上で「あれはママとの間の特別な言葉だったんだな」と思ってくれるようになります。

日頃の呼び名を“愛情の赴くままに変換”すると特別な絆を育む親子の合い言葉になる。

②「そよそよ」「ぶくぶく」イメージ言語

花、空、水、動物など、自然にあるものをイメージ化して、親子で作る言葉です。親子で一緒に風を感じて「そよそよだね」、水を感じて「ぶくぶくだね」などがそれにあたります。ポイントは、実際に山、海、公園、動物園、水族館などに出かけて、**実物を一緒に見て感じたことを言語化することです。**

最初は親主体で「そよそよだね」とか「ぶくぶくだ～」のように呼びかけて、だんだん子どもが表現したものを親が真似をするようにしても良いでしょう。

絵本や動画からではなく、直感で出る表現が宝石で、物や、動物、自然のものに音やイメージを一緒に作り上げることがとても楽しく、**オリジナルのベビートークを作るのがおすすめです。**そして、子どもから出た言葉や表現を親がコピーして、親がコピーした言葉を子どもがコピーしながら少しずつ変化をさせることで、イメージ言語がどんどん作られます。こうして出来上がった言葉は、ずっと続く親子だけのオリジナルな言葉となります。

※オランダの言語学者・マーク・ディンゲマンセによる定義。出典は『言葉の本質　ことばはどう生まれ、進化したか』(今井むつみ・秋田喜美 著、中公新書)

イメージ言語

こうした言葉は言語学的には「オノマトペ」と呼ばれるもので、「感覚イメージを写し取る、特徴的な形式を持ち、新たに作り出せる語」※とされています。

五感で感じた感覚から自然と湧き出たコトバ（イメージ言語）が親子の言語になる。

③「おににに」「でちない」言い間違え

個人的に一番萌える部分です。コツは簡単、私たちが普通に会話をするだけです。ママ・パパが発した言葉がベビーによって自動変換されます。その変換した言葉がオリジナルの親子言語となるのです。

私の娘の例を出すと、「おにぎり」→「おににに」、「しまじろう」→「しあんも」、「できない」→「でちない」、「おばあちゃん」→「ぱぁぱん」などなど。ああ！　今思い出しても身悶えするほど可愛いです。

もちろんちゃんと言えないのが当然なので、正しく言おうと頑張る必要はありません。言いづらい言葉もそうですが、〝娘にとってはこうやって聞こえるのか〟と、赤ちゃんフィルターを通した言葉がとても面白いです。

言い間違えで覚えているのは、娘が託児所に入った頃の出来事です。当時、通っていた託児所は地元百貨店に入っていたこともあり、お迎えの帰りに食品売り場に寄るのが日課でした。彼女はお惣菜屋さん、ケーキ屋さん、パン屋さんなど、色々なお店を一軒一軒、丁寧に「こ～ちわぁ～(こんにちは)」声をかけて回るのです。

そんなある時、娘はお魚屋さんに大きな声で「ちゃちょ～(社長)！まぐど(マグロ)～大間のまぐどちょ～だいよ～」と！　その彼女の言葉がすごく可愛かったのと、その値段がびっくりするほど可愛くないお値段だったことをよく覚えています。

正しく発音させようとする必要はありません。この時期にしか楽しめないやりとりを楽しみましょう！

言い間違いを大人が拾って親子の言語に

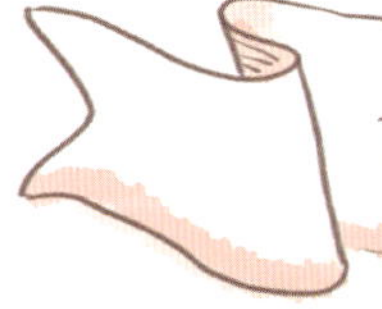

ベビートークの活用法

ベビーにとって聞き取りやすいベビートークを使うことで、親子のコミュニケーションがよりシンプルにわかりやすくなります。ベビーとの絆から生まれた言葉でもあるので、親の愛も伝わりやすく、愛情と一緒に子どもの記憶に残るので、親子の関係性の良さが持続します。

ベビートークを活用するには、まず普段からベビートークをふんだんに使うことが大切です。使う頻度が少ないと、「いざ」という時に効果が薄くなります。頻度を増やすのは遊びの時、楽しいこととリンクをさせることです。例えば、

朝起きる時「おっきっき～のびのびよ～」
着替えの時「サップサップ」、おむつ替え、「くるくるぽ～ん」
ご飯を食べる時、「マックマック」、「おっくんおっくん」

こうした朝起こす時や、おむつ替えやご飯を食べるタイミングは、育児のなかでも結構イライラしやすいところですが、楽しい音使いを入れることはもちろん、そ

れがお互いが作ったベビートークだった場合は、子どもは嫌々ながらも受け入れてくれます。またベビーが大きくなって思春期を迎えても、この頃のやりとりは記憶に残るものなので、いつまでも使えるベビートークになります。

感情を表すにもベビートークを活用するのがおすすめです。例えば、

「ママのことをパシンしたら（叩いたら）」「オロロンちるよ（泣くよ）」

「ニコニコたん」「うれしうれしね（嬉しい）」

「ふんすふんす怒ってゆの？（ぷんぷん怒っているの？）」

という感じです。ベビーは自分の感情を行動で素直に出してくれますが、こうした言葉に置き換えていくことで、それが嬉しいのか、怒っているのか、悲しいのかを自分以外の人、この場合はママと共有していくわけです。もちろんまだその理由が何なのかや、本当にその感情を持っているのかはわかりません。その時は自分の勘を信じてみてください。外れることもあるかもしれませんが、タッチのところで登場した3つの約束（50～51頁）を思い出して、その時の感じに素直になって、お話をしてみてください。

ベビーに聞きやすいのは高くてゆっくりした声

可愛い動物を見ると思わず「どうしたの〜」と声が高くなりますよね。強面のおじさんが愛犬に向かって「ももちゃん、どうちたんですかぁ〜?」なんて高い声で話しかけているのを見ると、思わず笑ってしまいますよね。

でもこれは自然な反応で、私たちは本能的に可愛いものを見ると自然に声が高くなるようにできているのです。その理由は、ベビーにとって聞きやすいのが

1 高めで
2 リズムがあり
3 ゆっくりした発音

だからです。

ですからベビーに話しかける時は恥ずかしがらずにこの3つを意識してお話ししてください。

正しい言葉でなくても大丈夫！

ベビートークのお話をしていると、時々「間違った言葉を教えて大丈夫ですか？」という質問を受けることがあります。これについては幼児教育の世界では昔から議論があるのですが、最新の研究では、**「正しくなくても大丈夫」**と言われています。

むしろ、ベビーが話すことを繰り返したり、返事をしたりすることで、自分が発した音（喃語）に誰かが反応することを体験的に学ぶことが、コミュニケーションの基本になると考えられています。また、「クルクル」や「うーうー」といった言葉を返すことで、ベビーは自分の音が真似されていることに気がつき、音の違いやパターン、リズムなどを自然に学び、そうした音を繰り返し出そうとすることで、口や喉の使い方に慣れていきます。何より親子で同じ音を繰り返すことで、ベビーは感情的な繋がりを感じるのはもちろん、**誰かとコミュニケーションをすることに対してポジティブな印象を持つようになります。**ですからベビーとママにとって、あっという間の喃語の期間を目いっぱい楽しむことをおすすめします。

ここでは簡単にできる活用法の一覧を紹介しておきますので、オリジナルのベビートークを作る参考にしてください。

ーク
覧

半濁音や子音を変化させる

は→ぱ・ば	し→ち	そ→ちょ
ひ→ぴ・び	た→だ	た→だ
ふ→ぷ・ぶ	ひ→し	て→ぺ
へ→ぺ・べ	つ→ちゅ	と→た
ほ→ぽ・ぼ	さ→た	き→ち

「フウセン」　→　「プウセン」
「ハダシ」　→　「パダシ、ハダチ」
「お布団」　→　「オプトン、オプタン」
「おへそ」　→　「オペソ、オペチョ」
「おばあちゃん」　→　「ばぁばん」

一番基本的なのは、半濁音や子音を変えたり、小さい母音を入れたりすることです。

例えば「フウセン」を「プウセン」にしたり、「美味しい」を「おぉ〜いてぃ」にしたり。実際に発音してみるとわかりますが、ピッチが高くなりベビーにとって聞きやすい音になります。

また動作を言葉にするのもおすすめです。おむつを取り替える時や、ご飯を食べる時の動作を言葉にすることで、ベビーは動作と言葉が関連していることや、音やリズム、イントネーションから、言葉の基本的な構造を身につけます。

「ベビー語」活用例

小さい母音を入れる

かぁ、きぃ、くぅ、けぇ、こぉ
さぁ、しぃ、すぅ、せぇ、そぉ
たぁ、ちぃ、つぅ、てぇ、とぉ
なぁ、にぃ、ぬぅ、ねぇ、のぉ

「美味しい」 → 「おぉ～いてぃ」
「抱っこ」 → 「だぁ～こぉ」「がぁ～っこ」
「大好き」 → 「とぅきとぅきよぉ～」
「可愛い」 → 「かぁわぁうぃ～」
「よい子」 → 「いこぉいこぉ～」

動作を言葉にする

おむつを取り替える

「パタパタ」「ふきふき」「ビリビリ」「しぺしぺ」

ご飯を食べる

「あむん」「もぐもぐ」「あっくん」「フィー」

歩く

「パタパタ」「たすたす」「どすどす」

言葉や名前を短縮する

言葉を縮める

どうしたの　→　どちたの〜
可愛いね　→　かいね〜
いただきます　→　いたますっ
抱っこ　→　だこ・がこ

名前を縮める

とうこ　→　とこ
たっぺい　→　たぺ
ようこ　→　よこ

ベビーだけではなく、犬、猫、鳥などの動物でも、とにかく可愛いものに思わず使っている言葉といえば「どうしたの〜？」。

これもベビーに向かって繰り返しているうちに、「どうしたの〜？」から「どした？」と短くなり「どちた？」と変化されます。さらに小さな母音「どぉ〜ちたの〜」もう一声いくと「どぉ〜ちたのぉ〜よぉ〜」となります。

変化の仕方は言い間違えの時の言葉や母音を小さくしてみたり、反対に短くしてみたりすると、どの言葉に対しても使えます。

語尾に「たん」や「ちゃん」をつける

基本編

可愛いちゃん　食べたちゃん
できるちゃん　怒ってるちゃん
よい子たん　イイちゃん
元気たん　ダメちゃん

応用編

元気たん　→　元気たんこ
元気たん　→　元気てぃんこ
元気たん　→　元気ちゃんこ

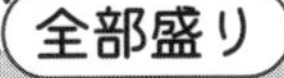

全部盛り

よい子たんこてぃんこちゃんこ!!

語尾に「ちゃん」や「たん」をつけるというのは、ベビーに限らず、大人になっても親しい相手に自然に使っていたりしますね。そこでここではベビートークならではの応用を紹介しましょう。

応用と言っても、要するに「ちゃん」に「たん」などを重ねているだけです。小さな子どもはリズムや音の繰り返しが大好きなので、自然に楽しく、ポジティブな気持ちになるのです。

ここで紹介しているのは一例ですので、ぜひオリジナルの言葉を作ってみてください。それがかけがえのない親子の絆になるはずです。

ベビータッチと組み合わせる

お耳が可愛い、お口が可愛い、
眉毛が可愛い、お指が可愛い、
あんよが可愛い……

体のパーツを丸くさすりながら声をかけましょう。

一番のおすすめは、ベビートークにベビータッチを組み合わせることです。

ベビーの体に触りながら、

「**お耳が可愛い、お口が可愛い、眉毛が可愛い、お指が可愛い、あんよが可愛い、お肩が可愛い、お腹が可愛い、ぺちょが可愛い、お膝が可愛い、かかとが可愛い**」

と声をかけてあげます。

体に触りながら声をかけることで、ベビーは触られているのが自分の体だと認識します。そしてその全てが大事にされ可愛がられていると感じることが、成長した後も自分の体を大切に扱う基本になります。

第3章

年齢別
ベビーボンディング
活用法。

前章では、タッチとベビートークを活用したベビーとのボンディング（絆）の作り方について説明しましたが、本章ではベビーボンディングの活用例を年齢別に紹介します。この本のカバーの裏に載せている「**タッチと言葉の一覧表**」を見ながら読むと、よりわかりやすいでしょう。

こんにちは赤ちゃん！（0ヶ月〜3ヶ月）

まだ人の顔を輪郭でぼんやり捉えている時期です。ベビートークの入り口はここです。

クーイングをしている言葉（音）に相槌を打ちます。それに答えるようにどんどん声を出してくるので、

「えーそうなの〜」「そうかそうか〜」「それで？」「すごいねぇ」

を繰り返し反応をします。

この時期は母音を意識的に使って音を出します。

例えば、抱っこしている時に、

「う〜」「あ〜」

郵便はがき

料金受取人払郵便

本郷局承認

6943

差出有効期間
2026年
9月30日まで
（切手不要）

113-8790

（受取人）

東京都文京区本郷5-2-2
株式会社 **日貿出版社** 愛読者係行

<本を直接お届けします> 小社出版物のご注文にご利用下さい。

送料はお買い上げ総額税込5,500円未満の場合は550円（税込）、5,500円以上の場合は小社負担です。代金は本と一緒にお届けする郵便振替用紙にてお支払いください。**※コンビニ払い不可**

【ご注文欄】書名	注文冊数	総額

注文書

▲裏面のアンケートへのご回答のみの方は、上のご注文欄は空白のままお送りください。

ご住所 〒

フリガナ
お名前 印

電話
FAX

E-mail　日貿出版社メールマガジンを 希望する ・ しない

性別 男 ・ 女　年齢 歳

ご購読ありがとうございました。本のご感想をお寄せください。　**愛読者カード**

お買い上げいただいた本の名前	

●本書を何でお知りになりましたか？

1. 書店で実物を見て　2. 小社 DM で
3. インターネットで
（A. 小社ホームページ　B.Amazon　C. 著者ブログ等　D. その他）
4. 広告を見て（新聞／　雑誌／　）
5. 友人・知人の紹介で　6. その他（　）

●本書をどちらでお買い求めになりましたか？

1. 書店（店名　）
2. 小社通信販売
3. ネット書店（　）

●本書をご購入いただいた動機をお聞かせ下さい。 ※複数回答可

表紙のデザイン／本の題名／本のテーマ／価格／帯の内容／著者／その他（　）

●本書について、該当するものに○をお願いします。

価　格………………　高い　／　普通　／　安い
判型（本のサイズ）…　大きい　／　ちょうど良い　／　小さい
デザイン・表紙 ……　良い　／　普通　／　良くない
内　容………………　満足　／　普通　／　不満

●いままでこのハガキを出した事がありますか？　ある　／　ない

●案内を希望　新刊案内等　／　総合図書目録

●本書についての感想やご要望、出版して欲しいテーマなどをお教え下さい。

ご協力ありがとうございました。

○ご記入いただきました個人情報は、書籍の発送や確認等の連絡及び小社の新刊案内を送付するために利用し、その目的以外での利用は致しません。アンケートのご回答は今後の企画の参考にさせていただきます。

と小さく音を出しているだけでも良いです。

ベビーの手に口をつけて音を出したり、パクパクと唇の動きを感じさせてあげたりするのも良いでしょう。

お腹に口を当てて、「ナンナンナンナン」「なもなもなもなも」「アウアウアウアウ」といった体に響かせるような連続音を出すのもおすすめです。

特に「な」「も」「む」という音にはベビーを落ち着かせる力があります。「よしよし」となだめるよりも効果があるので、泣いている時やイライラしている時にやると少しずつ落ち着き始めます。

これ自体がタッチになるのと、音が

「な」「も」「む」は魔法のコトバ!?

ベビーのお腹に口を当てたまま、「な～」「も～」「む～」と音を出しましょう。「ぶぶぶぶ」と空気が漏れる音がそれぞれで変わるとともに振動も変化するので、ベビーが面白がります！

直接皮膚に振動として伝わることも大事なポイントです。こうした音は、ママのお腹のなかでずっと感じていた音や振動に似ているのでベビーは安心するのです。特に優しい音や低い音で生まれる振動は、ベビーを落ち着かせる効果があるので、泣いている時やむずがっている時におすすめです。

生後2・3ヶ月を過ぎると、動くものを目で追うようになりますので、**にらめっこをした状態から、ゆっくりと顔を横にしてみたり、首を傾けたりしてみましょう。**あまり速いとベビーがついてこられないので、ゆっくり動かすのがポイントです。

ベビーも言葉（喃語やクーイング）は発しますが、まだまだこの頃は大人がリードしてあげましょう。また子どもが大人の真似をして発した言葉で、それがちょっと違っていても、その変化したベビーの言葉を採用して使うようにしてみると楽しいです。この頃は、ベビーが泣いていたり、じれたりしている時に、私たち大人はその様子を見て、〝これはお腹が空いているのかな？〟〝このおもちゃで遊びたいのか？〟〝眠いのか？〟と推測してリクエスト（であろうこと）に応えていると思います。その時に、ベビーの全ての言葉や行動を擬音にしたりジェスチャーを加えたりしてみましょう。そうすることで、少しずつベビーが本当に伝えたい気持ちや、やりたいことを大人に伝え、逆に大人がベビーに伝えるコミュニケーションができるようになり、お互いに伝わらないもどかしさが解消されていきます。

もちろんスムーズなやり取りはできないでしょうが、ベビーは、自分の行動を言葉や行動にしてもらうことで、自分に興味を持ってもらえる喜びを感じます。

ここからが本番！（4ヶ月～5ヶ月）

首が据わり出して、人を目で追う範囲も増えるので、少し速い動きで「いないいないばぁ」（顔だけでなく体を隠すいないいないばぁ）がおすすめです。

この頃は特に**「すごいねぇ」というキラーワードに激しく反応を示すようになります。**行動全てに声かけをしてあげると良いです。

また生活の音（遊び）を擬音化して言ってみるのも良いでしょう。例えば、土遊びする時に「これ（土）をシペシペする」、クリームを塗る時に「ヌリヌリ」「ぴとぴと」、戸を閉める時「パ

大きく、ゆっくり顔を動かすと、ベビーが目で追ってくれます。

タンパタン」などです。

そして、保育園などで他のベビーとの交流をさせる（ただ一緒に寝かせる）だけで面白いようにクーイングも増えて、発する音が多くなります。

ちなみに人見知りが始まったベビーは、ママの顔やパパの顔を参照して自分の態度を決めます。ですので人見知りし始めのベビーと会う時は、そのベビーのママの声かけを真似するのがおすすめです。

感情と行動が合ってくる（6ヶ月〜13ヶ月）

おむつ替えやお着替えの時にぐずるようになってきます。スムーズにお互いイライラしないためには、感情と行動を紐付けすると良いです。例えば、パンツタイプのおむつを取り替える時に足をブルブルと震わせてからスルリと片足ずつおむつを履かせてみた

おむつ替えなどでぐずる時にこそベビーボンディングのチャンス！「おむつ替え＝嫌なこと」から「おむつ替え＝楽しいことがある！」に変えていくのです。

り、おむつを外した時にお尻やお腹に口を当てて「ブブーっ」と音を鳴らして、すぐにおむつを履かせずに開放感を楽しませたりしてみます。そうすることで、**楽しい感情とおむつ替えの行動がイコールとなって、おむつ替えがスムーズになります。**

心は行動から生まれたとも言われています。悲しいから泣く、面白いから笑うということもありますが、泣くから悲しくなって、笑うから楽しくなるのです。ですので、おむつ替えやお着替えの時に怒られたり、泣くという行動と結びついたりしていると、ママがおむつを持っただけで泣いてしまうことにもなるわけです。

真似から世界が広がる（14ヶ月〜2歳）

自分だけの世界から、共感を楽しむようになってきます。

生まれてから1歳までの間に蓄積した言語（音）をよく発するようになり、その言語を真似します。**親子の間で独自の言語が生まれやすくなる時期です。**例えば、動物園に行った際には、親子でゾウの泣き真似をしたり、猿の動き方を真似したりします。これによって2人（もしくは家族）だけの独自の言語が生まれ、子どもも親もお互いの意思が通じ合うことを楽しめるようになります。

さらに、この時期は単語をうまく繋げられるようになるものの、発音がうまくできないことも多いので、言い間違えや、発音を真似するとまた新しいベビートークが生まれます。体の動きと言葉をリンクする遊びをしたり、ラジオ体操に擬音をつけたりするのもとても楽しいです。

また、トイレトレーニングでは、親がおしっこが出る音を声（「しーしー」など）に出しながらおしっこをすると真似をしたくなるので、スムーズなおむつ外しができるようになります。

イヤイヤ期では、共感をするコミュニケーションが必須で、泣いている時に「**そだねそだね～」と共感に近い合いの手を入れることがとても大切です。**それにより、子どもの怒りの溜飲が下がりやすくなります。

この時期から、〝なんで泣いているのか？　なんで怒っているのか？〟といった感情を整理する練習を始め

「そだねそだね～」

イヤイヤ期の子どもは、自我が芽生えて自分のやりたいことを主張し始める段階です。ここで大事なのは子どもの主張に「そだね～」と共感して認めてあげることです。そうすることで子どもも自分が何がしたいのか、何に不満なのかが整理できるようになります。

ることも大切です。びっくりして泣いているように見えているけど、「どうしたの〜？　プンプンしちゃったの？　悲しかったのかな？　寂しいのかな？」などと話しかけをしてあげて、子どもに触りながら、本当の自分の気持ちを言語化するお手伝いをしてあげましょう。それが大きくなってから、**自分の感情を整理したり、それを人に伝えられたりすることに繫がっていきます。**

またそこで、キラーワードの「すごい」が役に立ちます。20年間親子と関わる仕事をしているなかで、この「すごい」という言葉にはどの子どもも反応を見せます。

さらに、この「すごいね」を進化させて、

「**どうしてこれができるの？　すごいね〜**」

など、子どもが達成した行動と結びつけて感心していることを伝えると、子どもが「できる」と信じていることを肯定することになり、イヤイヤ期特有の親子の衝突が少なくなります。

「すごい、すごい！」

永遠のキラーワードです。自分ができたことをママや誰かが見ていてくれること、感心してくれることで、絆が育まれていきます。

「恥ずかしい！」が始まる（3歳）

この頃になると、集団生活が始まり、ベビートークを表立って使うことを恥ずかしがる時期が来ます。外では使わずとも、お風呂に入る時や寝る時には、ベビーの時に使ったお馴染みのベビートークを使うことで安心感をもたらします。

一緒に笑って遊ぼう！（4〜6歳）

「楽しい！」をたくさん経験させることが大切です。それはどこかに連れて行くといったことだけではなく、一緒に笑ったり、**子どもからの「見てて」というオーダーに応えたりすることです。**

小さい頃のベビートークを使って赤ちゃんごっこをしたり、体と言葉を使って遊んだりすることの気持ち良さが、脳だけではなく、体に記憶されます。

朝、幼稚園や保育園に「行きたくない！」とぐずる時は特にそうですが、朝起こす時は大きな声は出さず、怒らないことを基本として、体を伸ばしながら「のびのびよ〜」と、背中、太もも、すね、腕の順番で体をさすってみてください。

〃朝起きるのは気持ちの良いもの〃と記憶されると、〃朝起きるのが辛い＝幼稚園（保育園）に行きたくない〃という繋がりができなくなります。

だんだん「自分がやりたいこと」ができてくる時期です。その時こそタッチとトークです。言葉でぶつからず、タッチで気持ち良くしましょう。

いずれやってくる、思春期

何歳という定義はありませんが、小学校に通うようになり、友達との世界が広がるとともに、反抗的な態度が増え、体に変化が出たりする頃が、第二次性徴期の思春期入り口です。

2歳頃のイヤイヤ期と同じで、心と体が追いつかない状態で、心でわかっていても体が思うようになりません。親からの注意を「批判、否定」と受け取ってしまい、自己否定感が重なり始めるので、甘えたいけど甘えられない時期です。

例えば、朝起きる時に子どもが不機嫌だったり怒ったりしたら、その時こそタッチとベビートークが役立ちます。**小さかった頃の自己肯定感が最高潮の時に体に（皮膚に）メモリーされた記憶を、言葉とタッチで呼び起こします。**

お布団を剥がすのではなく、布団をかけ直してあげて、背中をさすってあげます。なんなら頭も撫でて、気持ち良くさせてしまう。そんなことをしたら寝てしまうと思うのですが、4～6歳の時にやったのと同じように、背中をさすり、足をさすり、

一般に第二次性徴期は、女の子で小学4年生頃、男の子で小学6年生頃と言われています。

体を動かしながら「のびのび～」と言葉かけをしながら触れていくと、渋々でも、起きてくるようになります。

ただ、これには、小さい時からの皮膚や脳に蓄積する記憶が大切なので、思春期になってから急にやると怒られる場合があります。その記憶がない場合は、起こす時に「大声を出さない」と決めるだけでも大丈夫です。

思春期にこそ効果を発揮するベビーボンディング

0ヶ月から3歳までは基本系、料理で言うなら**コミュニケーションの下ごしらえ**です。そして4歳から6歳で下ごしらえしたコミュニケーションを発展させて、**社会の入り口に立つために繰り返し練習をする感じ**です。

ベビーボンディングは社会の入り口に立つまでが一番の守備範囲です。ここまでやってきたことを親子で応用していく。それが思春期などに続いていきます。子どもは思春期になると、私たち親の手から緩やかに少しずつ離れていき、ずっと親が子どもの異変を察して助け続けることはできません。大事なことは、**助けが必要な時に、自分で助けを求めることができたり、体や心が痛い時にちゃんと「痛い」と言**

えたりするように手助けをすることです。

思春期にありがちな親子のすれ違いの多くは、「もういいよ！」とさじを投げてしまうことにあります。親も子どもも初めて迎える感情の成長期なので当然戸惑います。だけど「もういいよ！」と言っている時の心の声は、大人も子どもも「**よくないよ！**」ですよね。

思春期の子どもは、まだまだ感情を言語化することが未熟なのですが、幼児期と違って、まあまあ言葉が達者になってきています。親としては言葉でのコミュニケーションで困らなくなっているので、「言葉で言って」と思うかもしれません。でも、私たち親だって、子どもに対する気持ちの言語化に苦労しているのですから、お互い様なわけです。

そこでベビーボンディングの出番です。

ここで重要な公式は、

①相手を遮ることなく、全ての感情やジェスチャーをキャッチし、言葉を聞く（全部受け入れる必要はなく、ある程度は受け流しながら）。

②今一番強く感じる感情を聞く（それは怒りなのか？　悲しみなのか？　言葉が出ない場合は体で示してもらう）。

③ゴールはどこかを一緒に探る（「助けてほしいのか？」「聞いてほしいのか？」「一緒に考えてほしいのか？」「そっとしておいてほしいのか？」「理解してほしいのか？」など）。

④耳に入らない言葉を使わず、入る言葉を使う。

この時に、耳に入らない言葉は、

・命令的、否定的な言葉。例「〇〇しなさい」「〇〇はだめ！」など。

・感情的な言葉。例「もう知らないから！」「だからイヤなの！」など。

逆に耳に入る言葉は、

・同情的、共感的言葉。例「そうだよね」「不安だったんだね」「心配だよね」など。

・友好的な言葉。例「ドキドキしちゃったでしょ？」「一緒にやってみよっか」など。

思春期特有の悩みとベビーボンディングの活用例

ベビーマッサージに来ていたママは、大体子どもが2歳になったのを境にママズハグを卒業していきます。ところがそれで終わりではなく、子どもが思春期に差し掛かる頃にママはまた相談に来ます。

この時の相談内容の大半は、子どもが、

- 目を合わせない
- 言うことを聞かない
- 朝起きない

ということです。

逆に言えばその時にママやパパにできることは、

- 目を合わせること

・触れること
・耳に入る言葉を使うこと（肯定的、同情的、共感的）

言ってしまえばベビーの時にやっていたこととあまり変わりがありません。

ただ今度は、そもそも目を合わせることができないところが大きく違います。その場合は、**タオルでもお弁当でも何かを渡す時に目線の高さで渡したいものを渡すと良いです。**一瞬でも目は合いますし、ほんのわずかですが、肌に触れることもできます。直接肌に触れなくても洋服の上から触れるだけで変化はあるので、すれ違う時に洋服だけでも触れるようにしてみてください。

またほとんどの親が経験する、「子どもが朝起きない」という悩みについては、起こす時に「起きなさい！」とちょっと怒り気味で言っても、命令的な言葉は耳には入りません。かといって優しく起こしても大体起きません。こうした時は、**言語では****ポジティブに、非言語では少し怒っている感じで起こしてみましょう。**

「**大好きっ**」

「**愛してるっ！**」

と愛情あふれる言葉なので、怒りや反発というリアクションはしづらく、一方で、非言語では怒りを示すテンションがあるのでそれなりに緊迫感は出ます。

生徒さんや周りの人に試してもらったところ、この方法で4割は（渋々ですが）起きてくるみたいです

我が家でも「**愛してるっ！**」と起こすと、

「……**わ、私も**」と渋々起きてきます。

言葉はいらない？ 感情同期について

これは経験則なのですが、親を見て、真似して、触れ合って、見守って、ふざけ合う非言語コミュニケーションであるベビーボンディングを実践し続けると、**子どもと感情が同期することが度々あります**。

実際にベビーマッサージのインストラクターたちに、子どもと感情が同期していると思うことがあるかをインタビューしたところ、

- 食べたい物の一致
- 話し出すタイミングが一緒
- 連絡のタイミングが一致
- 街中で興味を持つものの一致
- お互いの小さな気持ちの変化に気がつく

などといったことがあるという回答が得られました。またこうした同期は、青年期まで安定して続くといいます。

私自身、娘と感情が同期していると感じることは多々あります。

話し出すタイミングが同じになることがあり、その時はもう一応お互い大人なので、相手の話を待つことにするのですが、話を譲るのもタイミングが一緒なので、全然会話が前に進まないことが多いです。

満月を見て2人でそれを食べる動作をしたり、空港で能の踊りのようなことをしたり、お互いやったこともないジェスチャーを同時にしてしまうことも多かったです。

娘が思春期で私も中年思春期（更年期）、ともかくモヤモヤが言葉にできず、2人

でぶつかり合う日々が続いた時、

「よし！　じゃあお互いの今の感じを体で示してみよう」

と言うと、2人で同時に「阿波踊り」をやってしまい、その場でのたうちまわるほど笑ったことがありました。

言葉ではないものでお互いの感情がわかるのは良い面もありますが、わかりすぎて逆にイラっとすることもあるし、「きっとわかってるはず」と必要な言葉でのコミュニケーションを怠ってしまう場合もあります。

そして、思春期のように感情の波が激しい時期は、親がそれを感じすぎてしまい疲れる場合もあります。

娘は親以外にも感情を同期させる時があり、彼女が高校生の時に、当の娘は一言も言葉を発していないのに、先生が娘の言うことをわかってしまうことがありました。後で先生に聞くと、娘は目で大体の会話をしてしまうところがあると言っていました。先生や友人など信頼している人とは、普段から無意識に非言語コミュニケーションによってそうなるのかもしれません。

やっぱり言葉は大事です！

とはいえ言葉が必要なことも実際にはあります。我が家でもそのことを伝えることが必要だと思った娘との事件（？）がありました。

娘が高校受験をひかえた頃、私の父が危篤になりました。そんな時期に、彼女を叱る場面がありました。その時に娘は我慢していたものが爆発したように、

「ママはわかってない！　私だって、いじめにあって辛いんだ！」

と泣きながら訴えてきました。「そうだったの！」と抱きしめることが正解だったとは思います。「100の言葉よりハグ」とずっと言ってきたのですから。でも私が発した言葉は「**フェアじゃない！**」でした。

「**説明もせずに「わかってない」って言うなんて、それもいじめという心の命を脅かすことを黙っていたなんて、それフェアじゃない！**」

と言ってしまいました。

私たちは、感情の同期をすることはあっても細かい心情まではわかる合えるわけではありません。子どもは成長をするなかで、自分の秘密を持ったり、辛さを顔に出さないようにしたりということを身につけていくからです。

だから、何でも親に言う必要はないけれど、命に関わることは別です。私は彼女にこう言いました。

「もしママが、いつもニコニコしていたのに急に命を絶ってしまったらどうする？しかも後から、ママは辛かったのを一人で悩んでいたと知ったらどう思う？」

娘は、

「絶対にママを許さないし悲しいし、頭に来る。〝なんでもっと早く言わないの？〟って」

「そうじゃん？　だからさ、秘密は持っていていいから、自分の体でも心でも命に関わることはちゃんと言おうよ」

と話しました。それからも彼女には、**心と体の命に関わることは「わかってくれるはず」と思わずにきちんと言ってほしいと何度も伝えました。**

今では「そんなつもりはない」と「本当はこうだった、こんなことがあったのに気がついてくれなかった」は我が家では御法度です。

ベビーボンディングはパートナーにも活用できる！

「旦那が靴下を洗濯機に入れてくれない」

これは何件かいただいた、ご相談（愚痴）です。ご主人が自分の脱いだ靴下を何度言っても洗濯機に入れてくれなくて、「洗濯機に入れてって何度も言っているでしょ」と言えば「自分のタイミングで入れるしいいじゃんか」と険悪な言い争いになっていたそうです。そこでベビートークの出番です！

「じゃあ、今日やったベビートークを旦那さんにやってみて」

「え～！　効きますかね？」

「大丈夫だからやってみて！」

と私が推したので、半信半疑で試したそうです。後からその時の様子を聞いたところ、

（いつものように靴下を脱ぎっぱなしにしている旦那さんに向かい）

「靴下を洗濯機に入れないのは、良いちゃんですか？　ダメちゃんですか？」

すると旦那さんは、戸惑いつつも、

「だ、だめ、ちゃんです……」と、怒らずすぐに洗濯機に靴下を入れたそうです。

その時のことを後日、旦那さんに聞いたところ、

「ガミガミ言われると〝自分が悪い〟とわかっていても、〝うるさいなぁ〟と反抗したくなるけど、今回はなんか逃げ道があったように思えて、折れるきっかけが掴め

た」とのことです。
ベビートークは大人同士の険悪な雰囲気でもマイルドにするのでしょうね。

触れることで変化した人たち

ママズハグではベビーマッサージのインストラクター養成クラスを開催しています。そのクラスで一番大切にしていることが、まず〝**自分に気持ちを向ける**〟ことです。そのため私はタッチとハグにカウンセリングを足した「タッチハグカウンセリング」という授業を行っています。

ママズハグのタッチハグカウンセリングのポイントは、

1 否定をしない。
2 相手の癖や性格を無理に深掘りせず、「ヘェ〜」と思う。
3 相手が辛かったこと、嫌なことを、他の人と比べず尊重する。
4 相手の考えを理解しない（同調しない）。

5 共感する。
6 触れる（触れられるのが嫌いな人には無意識層に触れる）。

の6つです。

もともとこれは、私自身が自分の育児観やトラウマをベビーマッサージのワークショップを受けるママたちに押しつけないために、「タッチ」の基本は自分を慈しむことから始まると考えたことから始めたもので、現在ではインストラクター講座だけではなく、一般のママのカウンセリングにも使われています。

「自己肯定感」「セルフエスティーム」[※]という言葉をよく聞きますが、私自身も含めて、自分を肯定するというのは本当に至難の業です。特に小さい頃から折り目を刻むように、何回も何回も繰り返すことでついた思考の折り目は、そう簡単にはなくなりません。でも、肯定は難しくても、その前にある〝**否定をしないこと**〟なら意外にできるようになります。もちろんスピードは人それぞれですが、無理に肯定しようとするよりも変化があります。

ここではそんなタッチハグカウンセリングの様子をご紹介します[※]。

※セルフエスティーム（self-esteem）とは、自分自身を価値あるものとして尊重する感覚、自尊心、自尊感情を意味する心理学用語です。

※掲載にあたっては御本人から承諾をいただいた上で、細かなディティールを変えています。

ケース01「実母が嫌いなママ」

「実母と馬が合わない、人とうまく話ができない。悩みだらけでネガティブ思考。そんな自分が〝変われるかも？〟と思った。もっさんの『ネガティブな考え方は単なる癖で自分の性格じゃないし、責任じゃないよ』という言葉で、自分の母に対する悩みのもとにある罪悪感を抱きやすい思考の癖に気づくことができました」

これはある参加者からもらった感想です。

彼女は実母が嫌いなのではなく、本当は大好きだけど、祖母から「あんたは〝いらん子だ〟と母親が言っていた」と幼い頃から言われ続けて、〝きっとお母さんは私を嫌いで、だから私を理解しないのだ〟と思っていました。でも〝本当は自分はお母さんが好きだ〟という気持ちに気づいた彼女は、実母に「お母さんが好き」と伝えられ、幼い頃にずっと祖母から言われていたことも告白することができました。「あんたはいらない子じゃない」という本当に欲しかった言葉はもらえなかったけど、「可愛い可愛い、大好き」と実母に抱っこしてもらえたそうです。

長い誤解がお互い解けて、今では実母といる感覚がまるで違うと話しています。

ケース02「子どもの発達障害で悩むママ」

3人の子育てに頑張るママ。「どうやったら少しでも子どもの発達障害が良くなるのか？」そんな相談でした。静かに話し始める彼女の話は子どものことが中心でした。一度横になってもらい、私が手で彼女の頭に触れた時に、彼女の口から「私ばっかりが悪いの？」という言葉が出始めました。彼女の悩みの核心は子どもの発達障害よりも自分の**孤独感**でした。

「今回は、あなたの〝孤独で辛かった〟に焦点を当てて大丈夫ですか？」と聞くと、その瞬間から彼女の涙が止まらなくなりました。でも歯を食いしばって声を殺して泣いています。歯を食いしばらないように、口の周りに触れて、口を開けて呼吸をするように伝えると、少しだけ声を出して泣き出します。

〝泣く〟という感情の「山」を超えると、すぐに無表情に。でも、少しするとまるで陣痛のような感じで体が震え、2度目の「山」が来ました。もう一度、彼女が歯を食いしばらないように頬を撫で口元を優しくさすると、さっきとは違い、今度は子どもが泣くように泣きました。そんな「山」が去るとまた無表情になります。呼吸がとても浅いので、深く呼吸をするように伝えました。3度目の「山」は体をよじらせて、もう悲鳴のような大きな泣き声です。私は最後の「山」だと感じて、泣くことに力を集中させました。

「私なんて消えてなくなればいい」と言葉を出しながら悲鳴をあげながら泣きます。マットを握りしめたり、時折私の手を探すようにバタバタしたりします。「もう嫌だ?」「いなくなりたいの?」と言葉をかけると、急に深々と呼吸し始めました。

1時間ほど経った頃、「自分から出た言葉で、どれだけ辛かったかも初めて自分の気持を知ることができた。発達障害の問題は解決していないけれど、自分がいなくなりたいとはもう思わない」と言いました。これ以上話すことはできないくらい疲労していましたが、彼女自身が自分の気持ちを知ることができました。

ケース03「夫が大嫌いなママ」

「夫が嫌いなんです! でも2人目は欲しいんです」

〝無茶を言うなぁ〟と思いますが、意外に多いのがこの相談です。

「どうやったら夫のことを好きになれますか? 〝タッチでチョチョイ〟と良くなりますか?」と聞かれました。

こういう時は、「〝チョチョイ〟ではないけれど、ちょっと実験をしてみたらどう?」と提案することにしています。

「もっさんの話で、触れることが人を変えることはわかるけど、触りたくないのです」

と言う彼女に、

「夜、夫が寝たらパジャマ越しでいいから人差し指で肩をそっと〝つん〟と触ってみて」と伝えました。「それくらいなら」ということで試したところ、強く突き過ぎてしまい、「イテッ」と夫に言われたといいます。でも次の日の朝「おはよう」と夫が言ったと話してくれました。それを嬉しそうに報告する彼女に〝そりゃ、朝だからそのくらい言うだろう〟と内心思ったのですが、彼女いわく、結婚して4年の間で一度も言われたことがない言葉だったそうです。

「あの一瞬のタッチでこんなに人って変わるの？」

と夫嫌い克服の道が一歩前進した様子でした。

ケース04「触れられることが嫌いな夫がいるママ」

「触れることで人は変わると言うけど、そもそもうちの夫は触れられることが嫌いなんです。どうすれば良いですか？」

という彼女。話を聞くと夫はいつも怒鳴ってばかりで怖いそうです。

実は触れられるのが嫌な人はたくさんいます。そうした人に無理に触ろうとしても逆効果で、かえってさらに触られることが苦手になってしまうケースもあります。

そこで私が提唱しているのが次の〝タッチ克服の3段階〟です。

①目を一瞬合わせる。
②タオルや食事を渡す時に一瞬、爪にでもいいから触れる。
③寝ている時に指一本でいいから触れる。

順番通り進めてもいいし、どれかだけやってみても、組み合わせてもＯＫです。

彼女の場合は①と③を組み合わせてみたといいます。

その結果、毎朝怒鳴り声で起きるほど機嫌が悪かったのに、結婚して初めて普通に「おはよう」と挨拶を交わせたといいます。以来3ヶ月経ってもそれは続いているとのことです。

産後うつと腰痛

産後の腰痛に苦しむ人は多いと思いますが、うつ病も慢性的な腰痛を引き起こす原因になる場合があります。人間は痛みが出ると脳のなかでオピオイドという物質が多量に出ます。そして、神経伝達物質のセロトニンやノルアドレナリンが放出されて、痛みが伝わる経路を遮断してくれます。こうした仕組みで痛みを我慢することができるようになるのですが、ストレスを多く、あるいは長く感じていると、そのストレスがうつ症状に繋がり、脳の痛みを我慢する物質が出なくなり、腰痛が長引くこととなるわけです。

この腰痛とうつ症状の対策におすすめなのが、ベビーボンディングです。ベビーとのスキンシップによってオキシトシンという物質が出ると、痛みに対する耐性が増し、うつ症状を緩和してくれるのです。産後うつでママズハグへ相談に来るママたちには、体が楽になる抱っこの紹介や抱っこしやすくなるタッチケアを伝えています。

産後うつはホルモンバランスや疲れなどの要因がありますが、私のもとに来るママたちは**〝ギャップ〟**という心の怪我を負ってくる人が多いです。

自分がしたい育児や理想の育児からちょっとのギャップは大丈夫。でも、大きなギャップは、心を傷つけます。「完全母乳にしたい」「ママ友をたくさん作りたい」「絵本を読みながら寝かしつけたい」「いつも綺麗に化粧してはつらつとしていたい」「家事も育児も両立したい」などなど、子どもを産む前に「したい」が多く負荷が強いと、できないことがあった時に〝まあ、いいか〟と思えず、〝なんで私はできないんだろう?〟と自分を責める人が心に怪我をしてしまうのです。

体の怪我なら、血が出たり腫れたりするのでわかりやすいのですが、心の怪我はなかなかわかりにくく、気がついた時には重症化していることがあります。だから、〝自分が思った通りできずに辛いな〟〝がっかりしたな〟〝傷ついたな〟と少しでも思ったら、傷が軽いうちにケアをするのをおすすめします。

まずはじめに自分でできるケアは、**〝自分が心に怪我をしているかも〟と気づいてあげることです。**ただ、産後うつになっている時は自分で気づくことが難しいので、**誰かに「ねえ聞いて」と聞いてもらってください。**第三者に聞いてもらうことで、「あ~私はしんどかったんだ」「私は不安だったんだ」「私はこの人の言葉やこの行動に傷ついていたんだ」などと自分の感情に客観的に気づくことができます。そこで**自分の感情を認めてあげることがケアの第一歩です。**

誰も聞いてくれる人がいなかったら、私のところに来てもらえたらと思います。ケアといっても簡単で、私が今までママたちにしてきたケアは「そ~か~そう思っちゃったか~」と話を聞く、問いかける、そして、優しく触れるだけです。時にはママを抱っこすることもあります。

第4章

こんな時どうする？ ママ、パパのお困りごとQ&A

Q 毎日「お風呂に入りなさい！」「寝なさい！」「ご飯食べなさい！」といちいち怒るのが嫌です。どうしたら言うことを聞きますか？

A 言うことを聞くようになるかは、かなり難しい相談ですね。早くお風呂に入る、寝る、ご飯を食べるには理由が必要です。「早くお風呂に入ってマッサージしたいね」「早く2人でゴロゴロしたいね」「食べたら何する？」など、次にワクワクする何かがあると納得をしてくれます。特に「これが終わったら2人でマッサージしよう」と誘うのは、兄弟がいる子どもにとってママを独り占めする時間を取ることができるのでとても良いです。ママとの楽しみを作ると解決しやすいですね。また、なんでお風呂に入るのか、寝るのが必要なのかを話すのも、保育園、幼稚園に入った子どもたちには必要です。

寝ない子には「寝ないと風邪をひきやすくなったり、楽しく遊べなくなっちゃうからママ心配」、お風呂に入らない子には「今日はお風呂に入れないくらい疲れているみたいだから心配……」など、ママに心配してもらっている（愛されている）ことを実感できると、比較的話を聞いてくれます。

Q ベビートークを使うと、言葉の発達が遅くならないかが心配です。

A 本文（99頁）でも書いていますが、ベビーに聞き取りやすいベビートーク（音、言葉）を使うことは、言語能力を上げるステップになります。ただ子どもの成長に合わせて「でちゅ、まちゅ」といった言葉は減らしていくと良いでしょう。いつまでも使い過ぎると、馬鹿にされたように感じることもあるので気をつけて。

Q ベビーとのキャッチボールは楽しいのですが、やめ時がわかりません。

A 確かに！　ベビーたちは目や表情のキャッチボールが楽しくて、いつまでも続けます。やめ時はベビーが反応を返してくれなくなった時です。とはいえ、しんどくなったらもちろん大人側からやめても良いですが、必ず「可愛いいね～」と抱っこしてからうやむやにするのをおすすめします。

Q タッチをしてあげたいのですが、子どもが嫌がってさせてくれません。

A

これは単純に**ニーズが合っていないだけです。**ママの方はタッチをしてあげたくても、子どもが〝今じゃない〟と思っていることは多いです。大人の私たちでもそういうことがありますよね？　〝温泉に行きたいな〜〟と思っていて、いざ時間ができてみたら〝今じゃないんだよな〜〟ってこと、経験ありませんか？

では、子どものニーズがいつかというと、それは、**〝ママの意識が自分に向いていない時〟**です。具体的には家に帰って来て、夕飯の準備をしている時や、お風呂の準備をする時。こんなタイミングで、子どもが「ママ〜！」っとぐずること、よくありますよね。特に保育園から帰って来た場面は、子どもにとって〝やっとママに会えた！〟絶好のタイミングです。この時に、**いったん手を止めて、タッチをしてみてください。**まず、1週間でかまいません。そうすると〝タッチって気持ちが良いんだ〟と体でわかってくれます。それがわかるようになると、今度は子どもの方で「タッチして！」と待ってくれるようになります。そこで、もしママのタイミングと合わない時には、「ママは今うどんを茹でているから、茹で終わって、火を止めてからタッチしようね」と具体的に説明します。もしそこで何かお手伝いしてもらえることがあればお願いしても良いでしょう。それが終わったら、たっぷりタッチしてあげましょう。一人っ子はもちろんですが、兄弟がいる子にとって、タッチの時間はママを独り占めできるゴールデンタイムです。

以前ママズハグでインストラクターの資格を取ってくれたママは、中学生になったお子さんが学校から帰ってきて、「お母さん聞いて！　今日学校で……」と言いかけて「**あっ、これはタッチの時間に言うね！**」となっているそうです。その子にとって、タッチの時間は、ママが自分のことだけを見てくれる特別な時間と認識してくれているんですね。

Q 子どもが外ではご飯を食べてくれるのですが、家ではご飯を食べてくれません。

A

これは、あるあるですね。外でご飯を食べない子の場合は、外にその子にとってのキラキラがあることが多いです。これは山上亮先生という野口整体とシュタイナー教育の先生が仰っていたことですが、子どもの場合、食べ物だけでお腹いっぱいになるわけではなく、**楽しいことでもお腹がいっぱいになる**んだそうです。例えば、楽しく車のおもちゃで遊んでいると、それだけでお腹が満たされちゃうことがあるわけです。

一方で、（お腹がへる＝飢える＝まずい！）ということにも子どもはとても敏感です。ですので、お腹が空けば食べます。つまり、子どもが食べない場合はそれが食事以外のものであってもお腹がいっぱいな状態なのです。ですから家の食事を食べない時は、「食べないなら、ごちそうさましようね」といったん食事を切り上げてしまうのも良いでしょう。お腹が空いたら食べるはずです。この時大事なのは夜中にご飯を食べさせないことです。「うちではこの時間でお食事は閉店です」ということは徹底しておきましょう。理由は、夜遅くに食事をするとオレキシンという覚醒状態を維持する物質が出るので、その後、眠れないという悩みに繋がるからです。

また、外でも家でも、「一緒に食べると楽しいね」という瞬間があった時に、「**やっぱり、〇〇ちゃんと一緒に食べるとおいしいな〜、楽しいね**」という声かけをして、良い記憶を持たせてあげると、子どものなかで〝食べる＝一緒＝楽しい〟というイメージができると思います。

Q 子育てに失敗したのではないかと思ってしまいます……。

A みんな一度は思いますよね。私も親に言われたことがありますし、自分もそう思ってしまったことがあります。ママ向けの講座をしていると、たくさんのママから「私は親としてどうでしょうか？」「私のような親に育てられて子どもがかわいそう」というママたちの懺悔会になることがあります。私は以前は、ママのそのような懺悔に「だよね。そう思っちゃうことあるよね」と寄り添ってきました。ところがある日、たまたま私の娘が講座に同席していたので、「子ども代表としてどう？」と気軽に聞いてみたところ、「**私のせいだと思う。私がママを母親にしなかったらそういう悩みはなかったはずだよね**」という答えが返ってきました。私も含めて、その場にいたママたちがシーンとなりました。私が子育てが楽しいと思うことは、子どもにとってはママは私で楽しんでくれているんだということになるし、私が子育てで失敗したなと思うことは、自分は反省しているつもりでも子どもをひどく傷つけているんだなと、気づいた瞬間でした。

「思っちゃうこともあるよね」というのは前提の上で、それを言葉にして、口に出してはいけないし、言葉にしていなくても、〝思うだけで子どもに伝わってしまうことはたくさんあったな〟と、自分の経験から思います。

答えにはなりませんが、**子育てを反省しても誰かしらを傷つけるだけで、誰にも良いことはありませんでした。反対に、〝まあいっか〟と思いながら子育てをすることは誰も傷つけません。**だとすると、〝子育てに失敗した〟と思ってしまうことはしょうがないけれど、それを気に病まなくても良いんじゃないかなという風に、みんなの心が少しずつ柔らかくなっていけば良いなと、私は思います。

Q もっさんは怒らないのですか？私は、いつも怒ってばかりです……。

A 怒るに決まっています。喉がちぎれるくらい大きな声を出して怒ることもあります。私の娘は、〝怒ると大人は怖いんだ……〟って学んでいるはず。

前の質問もそうですが、**ママたちからの相談で一番多いのが、「怒ってしまう」「怒りたくない」です。**

でも実は、怒るから耳に入らないのですよね。自動的に耳を塞ぐというか、私も怒られている最中は〝どうやったらこの場を凌げるか？〟で心がいっぱいになります。〝もうやりません、はもう何回も使ってるから無理だよなぁ……〟って、反省よりは、怒りの嵐をやり過ごすことに神経を使っていました。

大事なのは子どもに〝ママは僕（私）のこと怒っても、嫌いにならない〟と思ってもらえるように、日々ボンディングを結ぶことです。そしてもし怒りたくないのに怒ってしまったら「**ママ、怒りすぎちゃったね**」と謝って、怒ってしまった理由を伝えてきちんとハグすれば、大体解決します。

ここでのポイントは、怒った内容には謝らず、あくまでも「**怒りすぎたこと**」**だけに謝ることです。**なぜかというと、例えば「テーブルに上がってはダメ」と怒って、その後で怒りすぎたからといって謝ってしまったら、子どもは〝テーブルに上がったことはダメなのか？ダメじゃないのか？〟で混乱します。**怒ってしまう時は、怒った姿を見せて、なんで怒っているかを伝えることが大切です。**

参考までにわが家のケースをご紹介しておきましょう。

私は娘が5年生の時にこう宣言をしました。

「ママはこれからいちいちガミガミと怒りません。ももの自主性に任せます」

当然、娘は「ウェ〜イ」ってなります。そして、普段通り怒られるようなことを早速します。そこで、

「はい！　ここでももたんには選択肢があります。①ママは昔に戻り、いちいちガミガミ怒る。②ママはももの自主性に任せ、言いたいことを我慢して、でもあまりにひどい時には怒る。どちらが良い？」

「はい！　②です」

と娘は即答しますね。

いよいよ仕上げの段階です。もちろん子どもは繰り返しやらかします。何度言っても繰り返すわけです。〝帰りが遅いなぁ〟〝部屋が汚いなぁ〟〝お風呂なかなか入らないあなぁ〟〝脱ぎっぱなしだなぁ〜〟と。そして、その我慢が限界に達した時に、私は怒鳴るわけでもない、怒るわけでもない、低めの声で私は娘に告げました。

「ママが何も言わないのは　何も感じていないわけじゃないんだよ」

母の言葉に案の定、娘は震え上がりました。彼女の方も、最初は調子に乗って色々やらかしているわけですが、途中から何も言わない母のことを不気味に思っているので、〝ヤバい！〟となるわけです。この結果、以前に比べると、私が怒る前に自分で考えて改めるようになり、こちらも無駄に爆発する機会が減ったのでお互いに精

神的に楽になりました。

結局、怒ったところでしょんぼりした娘が謝ってきたら許す以外の選択肢はないわけです。一方で、それがわかっているから余計に一度吹き上がってしまった怒りの感情を静めるのが大変で、本当に辛かったことから考えついた方法でした。この方法だとそもそも感情に火がつかないのでストレスになりづらいのです。

この話をすると「何歳から有効ですか？」と聞かれますが、色々なママに試してもらった結果、3歳から有効なことがわかりました。いけないことはきちんと理解できるし、怒らないで伝えることができるから話を聞いてくれます。ただ3歳では5年生のように早く理解はできないので、繰り返し伝える根気が必要です。

もうひとつ大切なことは、怒った時に「もういいっ！」とそっぽを向かないことです。

〝自分のことを諦められた〟と感じさせないでください。

その時話せる状態じゃなかったら、「ちょっと待ってね」とか「今は話せない」と伝えてあげてください。「**話せない」ということを伝えるだけで、ママの気持ちが伝わることもあります。**

最後に私の運営するママズハグで、ベビーマッサージのインストラクターの資格を取り、継続してお子さんにタッチケアを通じてボンディングを作っている方に感想を聞いてみました※。

最初の子どもが生まれた時は、まだタッチケアは学んでいなかったので、子どもがどうして泣いているかわからず、私も一緒に泣いていました。

2人目の時はインストラクターになっていたので、兄妹両方にたくさん触れていました。そのせいか、上のお兄ちゃんの心の変化や、下の赤ちゃんが何が言いたいかがわかるようになり、育児が楽になりました。

最近では、私が家で寝ていると「かぁさん疲れているから」と、小さな手でベビーマッサージをしてくれて、とても気持ちが良いです。（**2020年取得アリサさん**）

妊娠した時に資格を取得して、お腹の上からもベビーマッサージをしました。その子は今小学4年生で、よく話すタイミングが重なります。子どもの心の小さな変化もなんとなくわかり、言葉ではなく、なんとなく思うことは大体合っていることが多いです。

（**2012年取得ケイコさん**）

第5章
この本を書いた私（もっさん）のこと。

十人家族の一人っ子

私は一人っ子です。でも普通の一人っ子と違うのは小学校2年生までは10人家族のなかで育ち、さらに家が近所にあった慈恵医大の医大生の下宿でもあったので、色々な年齢、職種の人たちと暮らしていました。その後、父が蕎麦屋として独立して松田町（神奈川県足柄上郡）に引っ越してからは常に「お弟子さん」という存在がいました。父は弟子たちに娘を「お嬢さん」と呼ぶことを禁じて、舎弟のように「かよ」と呼び捨てにさせました。

食事の時は、全員の盛り付けを終えてから食べ始め、誰よりも先に食べ終わってお茶の支度をするのが常でした。その頃から父も母も「旦那さん」「おかみさん」と呼ばれて、私だけの父と母ではなくなりました。両親は一人娘を生んだものの、たくさんの男の子の親にもなっていたのです。

職人気質の父は、九州まで家出をした弟子を包丁を持って追いかけて、「俺はお前の親父からお前を預かった。ここで投げ出したら申し訳がたたねぇ！　もし逃げるならこの包丁で俺を殺してからいけ！」と凄んだこともあれば、毎日寝坊する弟子のアパートに泊まってちゃんと起きられるようになるまで家に帰りませんでした。

私にもとばっちりはあって、16歳で学校を辞めてしまった弟子が入った時は、毎日私と2人並ばせて新聞を読んで聞かせたり、楽しいこともあったけど〝面倒くさいなぁ〟と思うことの方が多かった気がします。

!?「生きていれば良い」じゃなかったの？

今でこそ「無駄な元気の塊」「やる気の空回り」などと呼ばれる私ですが、もともとはとてもひ弱で、「この世に生まれ出ることができないかも」と言われて生まれて来た子でした。そうしたこともあって両親は「生きていれば良い」と私を育てました。そして私はとても忠実にその言葉を守り、まんまと常に学年ビリをキープしました。「加世はバカじゃないよ」「そうよね」と慰め合う両親を見て胸がチクリと傷んでも「生きていれば良い」という言いつけを守り小学校時代を過ごしました。

生来お調子者でもあり、友達がネタを振れば期待に応えようと笑いを取る日々。内容も年齢を重ねるごとにエスカレートするようになります。ある日踏切が閉まったタイミングで、友達に「かよ、行っちゃえ！」と言われ、踏切を横断しました。そのまま逃げれば良かったのに、そそのかした友達を待っていた私は鉄道職員に捕まりこってりと絞られました。当然、学校にも連絡が行き、先生にものすごい勢いでげんこつされ、絞られ、これ以上反省の言葉が出ない状態で家に帰され、その日はなんとか終わりました。もちろん両親には黙っていました。そのまま数ヶ月何事もなかったように過ごしたある日、自宅の近くで遠くから担任らしき人の姿を確認しました。ピンとくるのは当然あの件です。〝ヤバい!〟と走って家(兼蕎麦屋)に戻ると両親に、ものすごい早口で「**実はね、私間違えちゃって電車を止めそうになっちゃったことがあってね!……**」と説明したところで「**ごめんくださ〜い**」と担任が店の暖簾をくぐって来ました。〝終わった〟と頭のなかで聞こえた自分の声以外この件に関して何も覚えていません。それほど猛烈に怒られたのでしょう。

時は経ち、小学校6年生になりました。私が親に通信簿を見せなくなり3年が経っていました。私が〝見せられない〟と思う通信簿を母も同じように〝加世が見せられないと思っているのはよほどひどいのかも……〟と、娘の成績を直視することに怯えてくれたのか、無言で印鑑を机の上に置いてくれるようになりました。

続く中学校も母と子でこのスタイルを貫いたのですが、3年生になると、今度は受験というものがあるので三者面談や学校に来る用事ができます。

私はかなり早い段階で高校進学を諦めていた(特にプランはなく)ので、

「両親は忙しいので残念ながら面談に来ることはできません」と担任に伝え、のらりくらりとあと数ヶ月で終わる義務教育を心待ちにしていました。

ここでキレたのはボボ・ブラジル似の学年主任でした。頑なに「**進学をしない**」と言う私を放課後に呼び出し、やおら上着を脱ぎ出し「**よし、諸星（私の旧姓）わかった！　タイマンだ！**」といきなりの宣戦布告をしてきたのです。〝こんな大人に勝てるわけないじゃん〟と思ったのと、さらに「**せめて高校は行って**」と懇願する母のために結局高校進学を決めました。

さて、そうは言っても行ける高校なんてないのですよ。塾に行かせても勉強はしないし、目を離せば逃げ出す状態で、困り果てた母が頼んだのが、母の中学校時代の恩師・飯塚先生です。「**くみちゃん（母の名前）の子どもだからきっとバカじゃないよ**」と、中学校3年の3学期、私は毎日送り迎え付きで先生の自宅で勉強を教わることになりました。

ちなみに「**このバカじゃない**」と言うくだりは、私の半生のなかで最も多く登場した言葉です。

意外なことに先生の自宅での勉強はとても楽しく、奥様が時間になると必ずお茶とお菓子を出してくれるのも楽しみで、台所でカチャカチャと音がするとそわそわして勉強が手につかない時もありましたが無事高校に合格することができました。

でも両親には一言言いたいのです、

「生きていれば良い」って言っていたのに……嘘つきっ。

食べ物の仕事がしたい！

私はお調子者というか、目立ちたがり、褒められたい、承認欲求の高い人間でした。だから**「こんな仕事知らなかった」「珍しい仕事だね」「すごいね」**って言われたかった。努力はしないけど一番になりたいと思っていました。

そんな私に高校3年生の夏、機械工具の総合商社をする伯父（母の兄）から**「秘書にならないか？」**という話がきました。伯父は当時仕事が忙しくなり自分の仕事の補佐が必要と考えていて、血族なら信頼できると私に白羽の矢が立ったわけです。

〝秘書もかっこいいかもなぁ〟という単純な理由で、横浜のビジネス専門学校の英語秘書課に進学しました。

要するに〝何かをしたい！〟という確固たるものがなかったのと〝求められる仕

事っていいかも！〟と進路を決めたわけです。

実際に専門学校を卒業して伯父の会社に入ってみると、まず修業のため経理、その後営業に配属されました。営業なんて、当時は〝超〟がつく人見知りの私にとって地獄の仕事！　「**絶対に嫌です**」と言っても聞き入れられず、「**でも、加世、この業界で女性の営業って珍しくて、小田原では2人目だよ**」という言葉にあっさり「**やりますっ！**」と調子良く乗ってしまいました。

今考えれば、〝どうして私は1人目じゃなく、2人目という微妙な順位に疑問を持たなかったのか？〟と思いますが、今ではそこに気づかなかったからこそ、その先に起こる幸せな奇跡の恩恵がもらえたのだろうなぁと思ってます。

とは言え、工具といったらドライバーとペンチぐらいしか知らなかった私にとって、「**モンキーレンチって、猿をレンチンするの？**」というくらい訳のわからない世界でした。

私の任された顧客は大企業ではあってもまだ職人と言われる頑固なおじさんが多く、当然、毎日怒鳴られたり、叱られたりしました。何度も〝辞めたい〟と思い伯父にも相談したのですが、そのたびにうまく言いくるめられ続ける日々。それでもだんだんと仕事のいろはだけではなく、人との付き合い方がわかるようになりました。

そのうちに、頑固なおじさんに「**もう来るな！**」と怒鳴られても、2つのパターンでその場を乗り切る方法を身につけました。それは、

①相手の怒っている声が聞こえないほど、大きな声を被せて謝る。
②おじさんたちが目を離した隙に喉に指を突っ込み、涙を出し反省を最大限演出。
あくまで演出なだけで「反省」は嘘ではない。

この2つを駆使して営業生活5年、売り上げもあげられるようになったし、夫になる人にも出会えました。そこで気づいてしまったのは、

〝私は人のサポートをするより、サポートされる方が向いている！　そして食べ物の仕事がしたい！〟

ということ。私はこの会社の営業として食品会社に出入りしたことをきっかけに、フードコーディネーターの道に進みます。ちなみに結局秘書の仕事は先輩社員がや

ることになったので、私の秘書デビューはありませんでした。

〃食べ物の仕事がしたい〃というのは、当時営業先にあった小田原を代表するかまぼこの製造会社さんに出入りをしていて、そこで商品が出来上がる過程を見たり、職人さんの技に触れたりすることが多く、いつしか〃いつかは商品開発ができる会社に入りたいなぁ〃と思うようになったからです。でも縁故で入った会社でもあったので、何かきっかけがないと辞められず、最後は当時付き合っていた夫との結婚という節目に退社をし、フードコーディネーターの学校へ入学しました。

「私のことを褒めて！」

私がフードコーディネーターに行き着いたのは、
「食べ物の仕事」＋「褒められる仕事」＋「珍しい職種」＝フードコーディネーター
という公式があったからです。
当時はまだ珍しい職業で、「料理の鉄人」というテレビ番組で初めてその存在が認知され始めた頃です。学校を卒業して携わったCMの仕事や先生たちのアシスタントやディスプレイの仕事はとても楽しかったのですが、終電に乗れず何日もスタジオに入り浸るこの仕事は結婚生活をしながら続けられるものではなく、私はそこで才能を発揮することもなくアシスタントのアシスタントで終わってしまいました。

〝何をやっても芽が出ないなぁ〟と思いながら、でも〝何かやりたい〟と漠然と考えていた私は、改めて自分にはどんな魅力があるのか知るために「ご馳走するから」と友人数名を呼び、「私のことを褒めて」とミッションを与えました。

集められた友達たちは、戸惑ってはいたものの皆で無理くり私を褒め始めました、

「面白いね」「いいやつ」「芸人に向いてる」「蕎麦屋も向いてそう」

……もうこの辺で出尽くした感があったのだけど、それぞれの口から、

「〝よくそれだけ喋れるよね〟と思う」

と言われました。

〝これだ!〟

私は話す人になろうと思い、

「話す」仕事＝「講師」

へ転身することにしました。

とはいえ、〝自分は何が得意なんだ？　何が好きなんだろう〟と考えたところ、「妖怪」「恐竜」「犬」「猫」「鳥」「バスケット」「ハンバーグ」「ウィンナー」「チーズ」……チー

ズ？　そうだチーズの講師になろう！

早速「チーズ」「講師」と調べたら「チーズアドバイザー」という資格を発見！　新宿御苑にあるチーズとワインの専門学校へ入学しました。

卒業後はチーズの輸入会社からお仕事をいただき、誰でも簡単に作れるようなチーズ料理のレシピを作ったり、デパートのキッチンスタジオでチーズ料理教室などを開いたりして、「会話が生まれるチーズのお話」などの講演活動も始めました。

人に何かを伝えるこの講師という仕事は、私にとって一番しっくりきた仕事でした。

大事な夫のこと

ここまでの私の経歴を読んでくださった方は、〝こんな思いつきが人の形をしているような人間がよく結婚できたな？〟と思っているかもしれません。はい、そうです。私が今の仕事を続けられているのは彼の存在がとても大きいです。

そこでちょっと夫のことを書いておきます。

出会いは、「**この業界で2人目の女性営業ウーマンだよ**」という、「女性」と「ウーマン」が被っていることや微妙な順位に疑問を持たずにいた営業時代でした。

意外かもしれませんが、私は小学校から中学校までバスケットをやっていて、高校生になっても地元のクラブチームに入りながら続けていました。そんな経歴を知った営業先の企業の方からお誘いを受けて、会社のバスケットチームに入部することになりました。

自分とは職種の違うお兄さん、お姉さんとのお付き合いは本当に楽しかったです。そこで出会った主人はその会社でも有名ないわゆる〝モテる〟男でした。とはいえ当時の私はそれほど興味がなく、そもそも私は男性とあまり恋愛関係にならないキャラクターで、なんというか対象外にされやすい存在でした。

ですので、私はいつからか自分のことを好きになってくれる人を好きになるという進化を遂げていました。きっとチャンスを逃さないようにプログラミングされたのでしょうね、勝手に。

そしてここでその磨かれてきた真価を発揮する場面がきたのです。ある時、気がついてしまったのです、

「あっ！　山本さん（今の夫）私のこと好きなんだ」

と。一度そう思ったら、当然私も彼のことが好きになっちゃうわけです。せっかくですからね。ところが程なく彼には他に好きな人がいることがわかりました。ショッ

クを受けた私はものすごくへこみました。
びっくりした彼は「何か誤解させることをしてしまったのか？」と心配して連絡をくれました。

「どうしたの？」

「山本さんは私のことが好きだと思ってたのに、他の人が好きだって聞いたからショックで」

「え！？　……どうしてそう思った？」

当然私は答えます！

「だって山本さんよくお誘いの電話くれたじゃないですか！」

「うん！　でもあれは連絡網だよね？」

そうでした〜っ！　思い返してみれば電話はいつも、「バスケ部の新年会」「出席確認」などの電話とかでした〜っ！

私は思い込みも激しいのですが、諦めが良いのもある意味で良いところなので、

「わかりました。そうですよね！」

と電話を切り一晩中泣き明かしました。

そうそう！　もうひとつ私の良いところがありました。それは懲りないところ！

次の日の朝彼に電話をして、

「一晩かけて諦められなかったので、もし好きな人のことを忘れることがあれば電話ください」

……と伝えました。電話口で、

「すげーな……」

と小さな声で呟いた彼の声は忘れられません。

まあ結局結婚をすることになるわけですが、その間のことは人の恋愛なのできっと面白くないと思うので割愛します。

でも！「お弁当作ったけど多めに作ったからみんなで食べて」と、たった一人彼に食べてもらうために、それほど食べてほしいわけじゃないバスケ部のおじさんたちの分もサンドイッチを作ったり、本格的な料理を作れることを見せるために中華街に勤める友人に本格中華を習ったり、虫が大嫌いなのに「キャンプ大好き！」と自分を偽ったり、プロポーズをするきっかけを作るために土下座してみたり。そんな地道で健気な努力があったからこそ結婚に結びついたことを、今では夫にも感謝してもらいたいと思います。

私がこの結婚するまでの過程で学んだことは、

「勘違いはするもんだなぁ」と、

「土下座で結構なんとかなる」

ということです。


それはそれとして夫には感謝しています。今の仕事のきっかけは後述しますが、23年前起業をするということはとても勇気の要ることでした。しかも私が好奇心の赴くまま色々な仕事を始めそれがなかなか芽が出ない状態でも、「やめろ」とも「もっと頑張れ」とも言わず根気よく見守ってくれていました。

家事を手伝ったりすることよりも（全くやらないわけじゃないですけど）、気持ち良く仕事に送り出してくれていることに感謝しています。

交通事故から妊娠発覚！　ベビーマッサージとの出会い

私は子どもが嫌い。

昔の話ですが。

だから子どもができても育てられるかは不安でした。

それでも「夫に似た女の子って見てみたい」とほんのりと思っていました。結婚して6年間子どもができず、医師から「子宮の形が悪く着床しにくい」と言われてショックではありましたが、夫婦仲良くしていればそれも楽しいだろうな……と思っていた2002年2月15日。ブレーキとアクセルを踏み間違えた車に追突され腰を強く痛め、救急車で運ばれました。

レントゲンを撮る時に、

「**妊娠されていませんか?**」と聞かれて迷わず、「**はい**」と答えたのですが、翌日なんだか胸騒ぎがして、お腹も生理痛のような痛みがあり、〝ちょっと早いけどそろそろ生理が来るのかな?〟と思っていました。

念のため妊娠検査薬を使ってみたら数秒で「陽性」の表示。〈5分お待ちください〉と書いてあるからそのつもりでいたら、すぐに結果が出てうろたえました。

その次に出た言葉が「**どうしよう**」でした。

これは自分の発した言葉のなかで一番嫌で後悔した言葉です。

「**やった!**」「**嬉しい!**」って言いたかった。夫にも「**できたよ!**」って言いたかった。

でも〝この腰がひどく傷ついた状態で産めるのか?〟〝親としての覚悟はできてい

るのか？〟数えきれない「**どうしよう**」に支配されていました。
「どうしよう」と思うたびにお腹のなかで生きている子どもに〝ごめんなさい〟という気持ちでいっぱいになっていました。

周りの妊婦さんがお腹の赤ちゃんに話しかけたり、愛おしそうに撫たりしている姿を見ては毎日泣いていました。〝私の赤ちゃんはかわいそうだ〟って。そこで、自分ができることをやってみようと思いました。まずは本屋へ、探した本は「泣かない育児」の本。

どうやって愛して良いかわからないけど、〝赤ちゃんが泣かなければなんとかなるんじゃないか？〟という浅い考えで探していました（もちろん、そんな本はなかったのですが）。

今でこそ『いい子が育つ◯の約束』や『子育てが楽しくなる◯の法則』なんてＨｏｗｔｏ本がたくさんありますが、17年前はまだ数も多くなく、そんななかでたまたま手に取ったのが能登春男先生の『心と身体を育てる ベビーマッサージ』（能登春男・能登あきこ著　ＰＨＰ出版）でした。

〝ベビーをマッサージ？　よくわからないけど、せっかく来たのに手ぶらで帰る

のもなんだし買ってみよう〟と読んでみたら〝何じゃこりゃ！　なんて面白い世界なんだ！　触れるだけでこんなに世界が変わるの？　触れるだけで夜泣きがなくなるの？〟とずんずん引き込まれて一晩で読んでしまいました。

〝ちょっと私、子育てできるかも？〟

と希望の光が見えた時でした。

その後も内容を繰り返し読んでほとんど暗記した頃、その時がきました。

出汁の香りと出産。そして子守唄

いよいよ陣痛が5分間隔になりました。「**はい！来ましたよ！いよいよですよ！ペーさん（夫）車をお願い**」とのたうちまわる私の耳に、「**よしわかった！**」という頼もしい声と、「ヴィ〜ン」というけたたましい音が聞こえてきました。

「**ペーさんっ！ヒゲはいいから〜っつ！**」（私）

夫、夜中に身だしなみを整えようとしていました……。まあ初めてだからしょうがなかったのでしょうが……。

ところが病院に着くと、**「陣痛は短時間おきにあるものの子宮口が開いていないので自宅に帰るように」**と言われ、車で40分の道のりを引き返し。さらにその8時間後激しい痛みでまた40分かけて病院へ行くことになりました。ところが、

「まだですねぇ」

と帰るように言われる始末です。さすがに〝もうあの道のりは可哀想〟と不憫に思った私の両親が先生に**「入院させてほしい」**とお願いしてくれました。

それでも進まないので陣痛促進剤と子宮口を広げる薬を入れたところ、今までの痛みが子供だましだったのかと思うほどの激痛！　声を出すと怒られるし**「タンマ！」**と言っても当たり前ですが待ってはもらえず苦しむこと24時間。気がつくと私の腰をさする夫がいないことに気づきます。忍び？　いつからいなくなった？

そしていつの間にかまた、

〝ずっとさすってましたよ～っ〟て感じでさすり始めていました。

苦しい息のなか、スンスンと鼻をきかせると、嗅ぎ覚えのある実家（蕎麦屋）の出汁の匂い。

「そば……、食べて来たなぁ～？」

と地響きのような声で聞くと、夫は、

「でも、天ぷらは揚げ置き（揚げたてじゃない）だったよ！」と。今では「**そこじゃない！**」と少しだけ微笑んで話せますが、その時は多分修羅の顔をしていたはずです。

天ぷらが揚げ置きだったせいなのか6センチまで開いた子宮口はなぜだか急に1センチまで縮んでしまい、クラッとして気が遠くなりそうに。

陣痛が辛い上に、私の後から入ってきた妊婦さんがどんどん出産をしてとても心細かった時に、お掃除をしてくださる方が私のところにそっと来て、看護師さんがいないことを確認すると私の腰をさすってくださいました。その時す～っと痛みが遠のいて息をするのが楽になりました。

その後も何回も心配して来てくれては腰をさすってくださいました。出産後にお礼がしたくて何度か病院に行ったけれど、結局一度もお会いできませんでした。一人で心細かった時に本当に心の支えで、今でも感謝しています。

さて陣痛が来て3日目にとうとう緊急で帝王切開をすることが決まり、慌ただしく準備が始まりました。「**骨髄に麻酔針を入れるから痛いですよ**」と言われても、その頃はもう怖いとも何とも感じませんでした。

帝王切開になってもいいように初日から食事を口に入れていなかったので、目の前に置いてあったおにぎりも我慢して食べていませんでした。そうしたこともあって、ますます出汁の利いた夫の吐息が恨めしく思いました。


いよいよ注射針が骨髄に入りました。予想外に痛くなく、陣痛に比べれば可愛いもので、腰から下が温かくなり、今までの激痛が嘘のようになくなり、ものすごくハイテンションになった私は手術中ずっと大きな声で喋り続けました。

「先生！いつもご来店ありがとう存じます」「看護師さんこの薬、神！神！痛みなし！」「この点滴は何に効くのですか？」と。後で思うと誰も答えていませんでした。

「はい！　少しお腹押しますよ」という先生の言葉から数分、**「ギャン」**と産声が！同時に遠くから**「ばんざ〜い」**と母の声が聞こえて、その後も母の元気で活きの良い万歳の声が手術室に響き渡りました。産声ちゃんと聞きたかったのになぁ。

出産後は輸血をするギリギリの貧血でなかなか思うように体は動かなかったけれど、生まれたての娘に初めて〝ベビーマッサージ〟をしました。折れそうにか弱い足をさすり、壊れそうなほど小さな肩を抱いて、大きな目と大きな口の周りを優しく撫でました。〝これって自分の子どもだから可愛いの？　ベビーマッサージをしたから愛おしくなったの？〟どちらかはわからなくても良いのだけど、ともかく愛おしかったのです。

実家に戻り祝福のなか私の腕に眠る娘には、ひらがなで「もも」と名付けました。漢字の持つ意味に縛られることがないように、ひらがなにしたくて、たくさんの苦難があっても、せめて災いからは守りたいと魔除けの桃＝ももを名前に入れました。

「眠れ良い子よ　庭や牧場に　鳥も羊も　みんな眠れば　月が窓から　銀の光を注ぐこの夜　眠れ良い子よ」（モーツァルトの子守唄）

実家でももを寝かしつける時に不意に思い出したこの歌を歌った時には、涙が止まりませんでした。産声を聞いた時ではなく、この歌を歌った時に、ようやく涙が出て、しゃくりあげながら歌いました。

この歌はよく母が口ずさんでいた歌で、私が眠る時だけではなく私を抱っこしながらもいつも歌っていた私の大好きな歌でした。それを歌いながら、なんで私はこんなに泣いているのだろう？

〝私が「子守唄」を歌ってる。自分の娘に、娘が私の胸のなかに来てくれなかったらこの歌を歌うことはなかった〟。

子守唄を歌うことをこんなにありがたく思うなんて。あの時の感情はとても不思議で、温かくて。幸せな瞬間でした。

ママに尽くす団体を作る！

私は人の真ん中に立ち、人から求められて、褒められて、慕われたいと幼い頃から思っていました。小学生の頃は〝親友がいないといけない〟と勝手に思い込み、人との関係を無理やり作っていました。そして親友は私だけを親友と思っていないと許せず、つい束縛してしまい、私から離れていきました。

ある日母が「**加世にとって好きな人はたくさんいると思うけど、その好きな人たちにも同じようにたくさんの大切に思う人がいるのよ**」と言いました。続けて「人を束縛する気持ちは辛いでしょう？　だから〝**自分の大切に思う人にもたくさん大切に思う人がいるな**〟って知っていればいいのよ。でもそのこともすぐに理解できななくて大丈夫、お母さんもこの歳で気づいたこともあるのだから。今の加世ができなくても大丈夫」と。

〝なるほど〟と思うまで時間はかかりましたが、高校に入る頃には〝そういうことか〟と思えるようになり、友人との付き合いも楽しく、楽になりました。

とはいえ、家族と高校や専門学校の時の友人など、ごく親しい人との付き合い以外は欲していなかった私が、団体を設立するなんて正直考えてもいないことでした。

仲間との出会い

もともとチームでの活動は嫌いで、最初に勉強したフードコーディネーターも学校に通っている時から〝周りはみんなライバルだ！〟と思っていましたし、ベビーマッサージの勉強の時も、活動を始めた頃も**〝仲間はいらない〟**と心の底から思っていました。それどころか〝どうやったら人と違うことができるか？　どうしたら注目されるか？〟ということばかりを考えていました。

ではそんな私がどうして仲間を作ることを始めたのでしょう？

それは〝仲間ができてしまったから〟です。一人でチラシを作り、行政や公民館、アパートなど投函しまくっていた時に一通のメールが来ました。

それは「**ベビーマッサージの講座をやってくれませんか？**」というものでした。差出人は小田原で子育て情報誌『ぷらうにぃ』を出版している編集部から。これは飛び上がるように嬉しいことでした。

そこで企画されたベビーマッサージ講座で、私はたった半年で200名のママにベビーマッサージのワークショップを開かせていただくことになったのです。


『ぷらうにぃ』の小さな編集部は、2児のパパである編集長、独身のエディターとカメラマン兼営業の男性、当時2児のママで運営をしていました。

私が一人で活動をしていることを知ると、「**机がひとつあるからここで仕事をすればいい**」と編集長が言ってくれ、私はチームの一員になりました。

活動を始めれば悩みも出てきます。自分の娘は2歳になったばかりで仕事と子育てのバランスが取れず落ち込んでいると、いつもエディターの蘆田くんとカメラマンの八木くんが仕事の手を止めて、私の方に体を向けて話を聞いてくれました。2人とも自分の作業でとても忙しにもかかわらずです。

その時に仲間と仕事をする喜びを知ったのだと思います。

編集部に籍を置かせていただいて数週間後、またメールが届きました。
「小田原でベビーマッサージの活動をしている代表者の方へ」というタイトル。どうやら埼玉でベビーマッサージの講座を開講する団体らしいのですが、小田原の百貨店で呼ばれてワークショップを開くことになったので、私に挨拶してきてくれたようでした。

〝なぁにぃ～〟と正直焦りましたが、〝ちょっと待てよ、ライバルと思う人に協力したらどうなるんだろう?〟と単純に思い、「何か協力できることは言ってください」と、ものすごくドキドキしながら返信しました。だってこれで私の仕事が減ったらどうしようって思うじゃないですか?

「ありがとうございます。前日に前乗りして当日のワークショップをする予定です」という返信に、適度な距離感を取ることが下手な私は、**「それなら、うちに泊まってくださいよ」**と返信してしまいました。顔も知らない人なのに、です。「お言葉に甘えて」って、その人もよく泊まったものだと思いますが、もてなし方がわからない私は「埼玉から友達が来るからうちでパーティーしよう」と地元の友人を呼びどんちゃん騒ぎし、夜中の2時頃**「も、もっさん(この時点でもうこう呼ばれていた)……ごめん、寝かせて、明日のワークショップ、朝早いから……」**という言葉を聞くまで自分のやらかしに気づかなかったのでした。

こんな出会いがきっかけで、その団体でも私は「キッズマッサージ」のインストラクター講座を開講することになり、そのつてから北海道の「ＨＯＣＯＲＵ」というベビーマッサージの団体代表の中島直子さんに「キッズマッサージ」「マタニティマッサージ」のインストラクター講座をさせてもらうようにもなりました。自分のちょっとした思いつきから「ベビーマッサージ・タッチを伝える」同志ができることになったのです。

ママズハグ誕生！

ここまでわらしべ長者みたいにやってきたのですが、いつまでもそんな風に進むわけもなく、程なくして発信場所であった『ぶらうにぃ』が休刊になり、それと同時に「事務所」という拠点を失いました。この時にはリセット感がたまらなく辛かったです。人間一度得てしまったものを手放すのはなかなか難しく、自宅だと仕事と生活との境目がなくなってしまうとも思い、〝どこか場所を間借りできないか〟と思っていた時に、小田原市の「起業家支援センター」を知りました。

ここのプログラムは格安で場所を提供し、その間にインキュベーターと連携で団体として成長し、2年後には独立するというもので、私はここで起業を目指す仲間ができました。

インキュベーションの共同スペースで一人落ち込んでいると、誰かが話しかけてくれて相談に乗ってくれました。最初は単に格安で事務所が借りられるという理由だけだったのですが、条件通り起業家になるためのノウハウを教えてもらい、チャレンジをすることになり、2年後小田原城のお堀のそばにある小さな事務所で**「NPO法人ママズハグ」**としてスタートすることができました。

きっかけは『ぶらうにぃ』で出会ったたくさんのママたちです。ママたちは子どもの成長を心配はしつつも、一番は自分のことで悩み、〝上手に子育てができない〟と苦しんでいました。そうしたこともあり、最初は「子どもが笑うために」という名前で活動を開始したのですが、すぐに、

「子どもが笑うにはママが笑わないと！」

ということに気づき、そこで、ママを抱きしめて、ママに尽くすための団体「**ママズハグ**」**が生まれました。**

その後のママズハグ。迷走、涙、笑いの日々

この時に「**何か手伝おうか？**」と声をかけてくれた知り合い2人が最初のスタッフでした。「知り合い」と書くと冷たく感じますが、「知り合い」が当初は妥当な呼び名でした。私の方は例のごとく一度知り合った人を「友達」と思う癖がついていたので、ずっと〝友達が手を貸してくれた〟と思っていたのですが、後で聞いたところ2人は「何をやるのかわからず、しかも数回しか会っていないのになぁ」と思っていたそうで、やはり当時は「知り合い枠」だったのでしょう。それにしてもそんな薄い関係でよくぞ手伝ってくれていたものだとありがたく思います。

一方で、2人を抱えて仕事を進めるということは、最低2人分の賃金が発生します。この〝彼女たちにお給料を渡したい〟という私の強い願いが、私を大ブレにブレさせ、後に「第1期もっさんうつつを抜かす期」となります。本来の目的、「ベビーマッサージを広める・タッチを広める」が「2人にお給料を払う」にすり替わり、そのために仕事をしてしまったのです。

その当時の迷走ぶりは思い出してもひどいもので、ある時は痩せる機械（ブルブ

ルマシン）を売ろうとしたり、謎のインド人・モンティさんを呼びヘナ（毛染め）を売るためのお茶会をしたりもしました。私の迷走ぶりを見かねたスタッフに「**もっさんはベビーマッサージでしょ？　それを伝えたいのでしょ？**」と言われてようやく目が覚めた私は、改めてベビーマッサージ・触れることを伝えるために再出発。これが、とことん「触れること」を世に伝えるための研究を始めるきっかけとなりました。

本当に挙げればきりがない出会いの数々ですが、そのなかでもベビーマッサージということで大きかったのは、ベビーマッサージの団体「ＪＡＢＣ日本ベビー＆チャイルドケア協会」の当時の代表・阿部純子さんと、今やベストセラー作家でマネーコンサルタント「株式会社マザーミー」代表取締役・市居愛さんとの出会いです。

彼女たちが企画した講座に出席したのをきっかけに、目指す先が同じであることもあり、とても仲良くなりました。仕事の協力をお願いもしますが、一番は私のメンタルの支えです。代表として、団体をうまく引っ張れていないことや、なかなか仕事がうまくいかないことで落ち込むことが多く、どうにも気持ちが上がらない時には２人に会いに行きました。私が落ち込んだり泣いたりする姿を見るのが大好きな彼女たちは、悩み泣く私を見てとても楽しそうに笑います。でもその後いつも適切なアドバイスをくれるのです。そして「**もっさんはそれでいいんだよ**」と背中を押してくれるのです。

それにしてもなんで私が泣くとみんな笑うのだろう？

……と思いながら、お調子者の私は、〝みんなが笑ってくれているならいいのかな？〟と思い、これからも続けていくのでしょう。

「あとがき」に代えて

折れない心、揺るぎない心……、それよりも〝懲りない気持ち〟。

こんな本を書いておいてなんですが、私はメンタルがとても弱いのです。ものすごく弱い、周りが面倒くさくなるほど。

「人にどう思われているのか?」「気配りができていないかも?」「また約束を間違えてしまった」「また自分の想いのまま仕事を突っ走ってしまった」「ホウレンソウ（報告・連絡・相談）をしなかった」『仕事が入らない』「講座の予約が今週もゼロだ」「人に誤解された」などなど……。

挙げればきりがないし、忘れていることもあります。そのたびに私の目に映るのはキラキラと自分の仕事に打ち込む先輩起業家や、ブレることなく社会のため働く仲間の経営者たちです。

なんであの人は私に「気にするな」と言えるのだろう? こんなに大変な失敗をしているのに。なんであの先輩は「絶対大丈夫、もっさんらしくやればいい」って自信を持って言えるのだろう？　どの言葉も気休めや適当に言っている言葉じゃないのは、ネガティブな泥沼にハマっている私でもわかります。

でもさ、〝この世に空なんてないのじゃないか？〟と思うほどうつむいて歩いて、〝床ってこんなに近いのだっけ？〟と思うほど体を折り曲げ身悶え泣いているのですよ。〝自分がいらない人間じゃないのか？〟〝誰の役にも立っていない〟ってお風呂のお湯がなくなるほど湯船で身悶えているのです。

私はよく仲間のインストラクターからもめちゃくちゃ叱られます。あるイベントの後すごく怒られた帰りの車のなかで、もう怖くて私は運転席の彼女の顔を見ることができず、ずっと視線を外しバックミラーを見つめて、彼女の言葉にただただ頷いたり同意をしたりしていました。

40分ほど彼女の熱いお叱りを聞いた頃でしょうか？　ふといつものアレが出て来そうになりました。そう！　加世のなかの訳のわからない「前向きモンスター」が。でも今はそのタイミングじゃない。まだ彼女は激怒しています。〝この嵐が終わるまで待とう〟と思ったはずなのだけど、我慢できず「あの……さ」と言葉を発してしまいました。

「あの……私ね、よく色々な人を怒らせるのだけど、ほとんどの人が、助言というか苦言なのよ、そしてほとんどの人が「普段は怒ることはあまりない」と言うのよね……なんでだろ（ボソリ）」と言うと。彼女は「はぁ？」と言いました。

それは「はぁ？」ですよね。でもね、やっぱり知りたいのです。だって、誰だって人から恨まれたくない、憎まれたくない、それは大人になればなるほど面倒なことからうまく避けて生きていきたいって思うものです。それは年齢を重ねた処世術だし、嫌いだったり、〝付き合いたくないな〟と思ったら普通は何も言わず距離を取り、黙って去ってしまえば良いのですから。

真面目な彼女は怒りつつも真剣に考えてくれて、最後にこう言いました。

「巻き込むからだよっ！　もっさんは！　もっさんはそのつもりなくても人を心配させたりするからだよっ！」

私はまだちゃんと理解できなかったけれど、イベント終了後で疲れていたし、もういっぱいいっぱいだったので「ありがと」とだけ伝え彼女の車を降りました。

ドアを閉める時に彼女は「私はもっさんがもっさんらしくあってほしいだけなんだよ」と言いました。やっぱりわからない。これが一番わからない言葉です。

私は自分らしさがわからない。自分が壁に打ち当たるたびに「もっさんはいいんだよ」といつもいつも仲間たちは私にＯＫをくれる。きっと怒られている時は私らしくないのでしょう。

私は嫌われたくない、当たり前のことだとは思いますが「あの人こんなこと言っているよ」「もっさんのこと困ってるみたい」と第三者から聞かされる自分のことにいちいち傷ついてしまいます。誰でも人に認められたいし、否定もされたくないと思いますが、私は人一倍〝自分はこれでいいのか？〟〝無神経に人を傷つけていないか？〟〝振り回していないか？〟とビクビクしているのです。そう言うと、とても穏やかでおどおどした性格にも聞こえますが、私のなかには黒くて熱くてドロドロしたマグマがあって、短気で喧嘩っ早いので周りからはそうは見られていないのでしょう。だから「もっさんらしくない」と言われる時は、きっと自分が「こんなことをやりたい！　発信したい！　楽しみたい」とあふれる気持ちを周りからジャッジされるのを気にして中途半端に気づかっている時じゃないかと思うのです。そして、きっとこれからもみんなから怒られるたびに違った気づきをするのだろうと思います。

私は、怒るっていうことには2種類あると思っています。

自分の気持ちが良くなる（気がすむ）ためだけの、自分を守るための怒り。もうひとつは相手を愛するためのもので、自分がどのように捉えられてもいいという怒り。

これは自分のなかで無償の愛だと思っています。家族以外でも自分はどう思われてもいいから相手が最善の道に行けるように、初対面であっても、付き合いが長くても、普段は声を荒らげたことがない人がぶつかってきてくれます。

私はよく「打たれ強い」「よく長くこの仕事を続けられているね」と言われますが、それは揺るぎない強い気持ち、強い信念があるからではありません。むしろ打たれ弱いし、揺らぐし、弱いし、すぐ拗ねるし、すぐ泣くし、すぐやめたいと思ってしまいます。でもきっと「懲りない」「やめない」だけなのだと思います。怒られてものすごくへこんでも「やめたい」気持ちより「懲りない」気持ちが強いのでしょう。

15年前、この仕事を始めてすぐの頃、すぐ揺らぐ自分の弱さに泣いていたら、理事の一人から「**代表、揺らぐのは折れないってことだよ、揺らがない人はぽきっと折れちゃうよ**」と言われ、その言葉を折れるたびに思い出しています。その人は某大企業のセールスの部長で、当時はコンサルタントの仕事をしていました。その時の言葉はとても優しく、重く、今でも私の文鎮のようにいてくれています。

タッチの世界に入ってからあっという間の20年でした。この世界に入れば入るほど謎は深まり、暗いトンネルを歩く私にとてつもなく明るく温かい光で道標を示してくださった山口創先生。子ども嫌いの私がこの仕事に就くきっかけを作ってくれた娘。誰の役に立っているかわからずやめてしまおうかと思っている時に「待っているお母さんがいるからやめるな」と言ってくれた亡き父。家事の不得意な私をサポートしてくれた母。何より、先行きもわからなく、忙しいだけでお金も稼げず、転ぶと分かっていながらあえて助走をつけて転ぶようなことを長年してきた私を何も言わず支えてくれた夫。

私をもっさんと呼び、叱り、慰め、持ち上げ、共に歩んでくれた仲間。考えが暴走する私の話を聞き続けて、出版へのきっかけをくれた農文協の阿久津若菜さんとボディワーカーの山上亮先生。そして文章を書くことが本当に苦手な私を6年間諦めずに助けてくださった日貿出版社編集の下村さん。もともと言語化や頭の整理ができない私の文章を整理して、直してくれた石田利香ちゃん。私の頭のなかを絵に表してくれたイラストレーターすんちゃん。感謝も、ありがとうもどの言葉も今の気持ちには薄っぺらくて合わないのですが、今の一番近い言葉をあえて言うなら「みんな大好き」です。

2024年　ママズハグ20周年の年に　山本加世

最後に、娘のももが、13歳の時のクリスマスの出来事を紹介して終わりにしたいと思います。私と娘の大事なボンディングのひとつです。

もものクリスマス

「**サンタさんからの手紙だ〜**」と、当時住んでいたボストンのアパートの入口からぴょんぴょんしながら部屋に戻るもも。そのまま部屋から出てこないので声をかけると、目と鼻が真っ赤な娘がいた。

「**もうサンタさんは来られないって……**」

彼女の涙を見て〃まだお別れをしていなかったのだな〃って思った。

良いか悪いか本当にわからないけど、私も娘と一緒にずっと泣いた。

そしてその年のクリスマスからは、私と娘と夫の3人でプレゼントを買いに行くようになった。

そんな彼女ももう22歳。

去年、ボストンに留学中の彼女との電話で「サンタさんからの手紙」のことが話題になった。

「**まだ手紙って持っているの?**」と聞くと、手紙を仕舞っている場所を教えてくれた。言われたところを探すと、箱のなかに、あの時、私に見せてくれた手紙があった。

そのことを伝えると彼女は、

「きっとみんなもサンタからの手紙ってもらっていたんだろうけど、見過ごしていたのかもしれないね」と言った。

海を隔てた電話の向こうに、あの頃とは声も話す言葉も全然違うけれど、あの頃と同じ娘の存在を感じた。

「サンタからももへのお手紙」

親愛なる友人ももへ

あなたの枕元を訪れるようになってから
もう13年も経ってしまった
赤ちゃんのあなたを見た時
本当に美しくて愛おしかったよ
たくさんの困難を乗り越えながら
本当に優しく成長したね

でも
ほんの少しの間
お別れを言わなければいけません
大好きなももの枕元には
もういけなくなるからです
それは
あなたが成長した証しです
ももが私を必要としてくれたように
小さな友人たちの元に行きます
忘れないで
私が
あなたをどんなに愛しているか
いつも見守っていたか
でも
あなたと同じくらい
必要な子どもたちへ
仕事をしなくてはいけない

でも
私の想いは
ももの
ご両親にこの仕事を繋ぎたいと思う
プレゼントを
選ぶのは自分ではないけど
世界で一番にあなたのことを愛している人たちだから
心配はしていないよ
そして私は
あなたを見守ることは
決してやめないことを
誓います
愛しているよ
私の可愛いもも
いつまでも
私のことを信じてくれて
ありがとう

その信じてくれる気持ちが
私たちサンタクロースの存在を
許してくれるのだから
日本で会った時※も
私は知っていたよ
これからアメリカで起こる
あなたへの困難も
ちゃんと乗り越えられることも
美しい友人ができることも
パパやママの愛に包まれることもね
そして
あなたの心と身体が
美しく成長することも
もも
あなたは
美しい
愛を受け取り

※「日本で会った時」と書いているのは、この日はそれから5年間近く暮らすことになるボストンに発つ日で、空港で本当にバカンス中のサンタクロースと会うことがあったからです。彼はそこにいた子どもたち全員に「よい子証明書」を渡してくれてハグもしてくれました。私も娘も当時ボストンで働いていた夫に会いたい気持ちはあったものの、未知の土地に行く不安は拭えなかったので、この出会いはとても嬉しかったです。

they know what you like, and what you deserve.
I swear that I will keep watching how you are doing.
I love you, my sweet Momo.
Thank you for always believing in me.
Your belief allows me to exist in this world.
I know when I met you in Japan, you were going to experience and overcome many difficulties and meet beautiful friends in America, and your life would be filled with your mom and dad's big love. I knew you would grow up to be a very pretty person with a beautiful mind.
Momo, You are beautiful.
You deserve to receive so much love
I love you, my Momo.
I will meet you when you have your own baby.
The day will come that I will write this letter for your baby.
I will also meet you the day I ask you to do my job for your baby.
Thank you for keeping Christmas in your heart.
See you again & Kiitos.
Merry Christmas!

Always, Santa Claus

与えるに
ふさわしい人だよ
愛しているよ
私のもも
またいつか
君の子どもが生まれた時に
私は現れるでしょう
そして
あなたの子どもにも
今のあなたへと同じように
手紙を書く日が来るでしょう
その
親になった
あなたに託す日まで
またね

サンタクロース

Happy holidays to all!

My Dear Friend Momo,

Ho Ho Ho!
It has been 13 years since I started to visit you at your bedside on Christmas Eve. When I saw you for the first time, you were such a beautiful and precious baby.
You have grown up to be a very kind person, after overcoming many difficulties. Now I find I have to share with you some sad news. I have to say good-bye to you for a little while.
I cannot visit your bedside anymore. You have not done anything wrong to deserve this. Quite the contrary, it just means that you have grown up.
I am going to visit your other little friends that needs me, just like you needed me.
Please do not forget how much I love you and will always be watching you to see how you are doing. I have to take care of your other little friends as much as I have done for you.
I am going to ask your parents to do my job for you from now on. I do not select the gift but I do not worry because they love you more than anyone in the world and I am sure

Special thanks 翻訳：sayoちゃん&joe

コ2【kotsu】では、武術、武道、ボディワークをはじめ、カラダに関することを情報発信しています。企画・執筆のご相談も随時承っていますので是非ご覧ください。
Twitterアカウント：@HP_editor
フェイスブックページ：https://www.facebook.com/ko2.web/

ずっと続く 親子の絆を育む

ベビーボンディング入門

●定価はカバーに表示してあります

2024年12月10日　初版発行

著　者　山本 加世（やまもと かよ）
発行者　川内 長成
発行所　株式会社日貿出版社
東京都文京区本郷5-2-2　〒113-0033
電話　(03) 5805-3303（代表）
FAX　(03) 5805-3307
振替　00180-3-18495

カバーデザイン＆イラストレーション　すん
印刷　株式会社シナノ パブリッシング プレス

ISBN978-4-8170-7059-3　http://www.nichibou.co.jp/